Couverture inférieure manquante

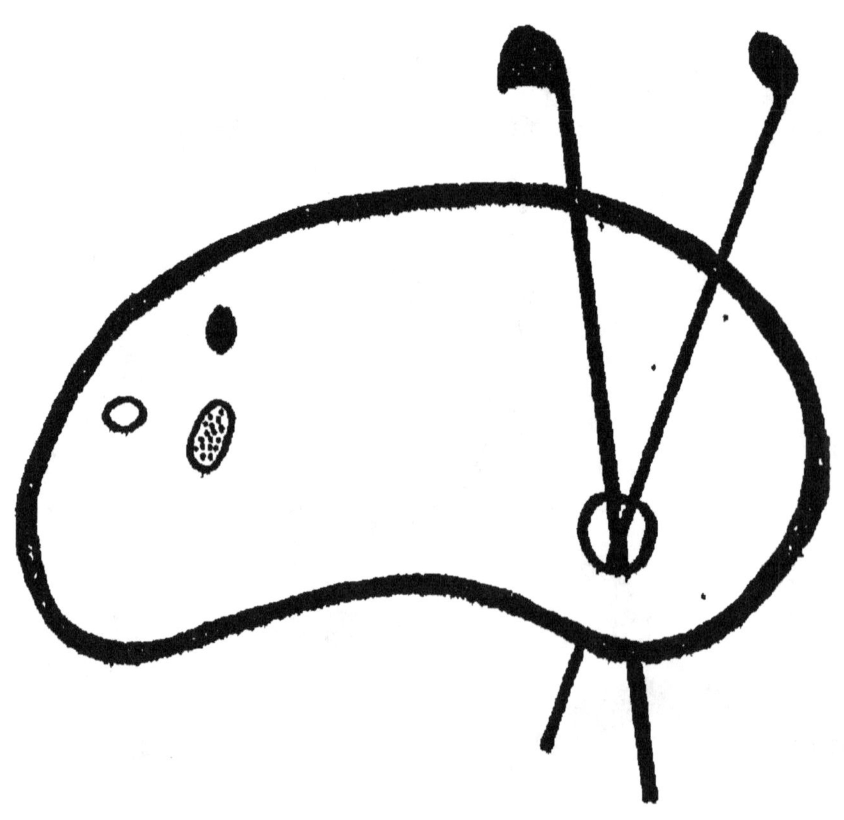

DEBUT D'UNE SERIE DE DOCUMENTS
EN COULEUR

UN PROGRAMME

DE

GOUVERNEMENT

OU SOMMES-NOUS ? ET CE QU'IL Y AURAIT A FAIRE

PAR

M. le Comte D'HAUSSONVILLE

SÉNATEUR

Prix : 1 franc

PARIS

LIBRAIRIE NOUVELLE

15, BOULEVARD DES ITALIENS, 15

et chez tous les libraires

1882

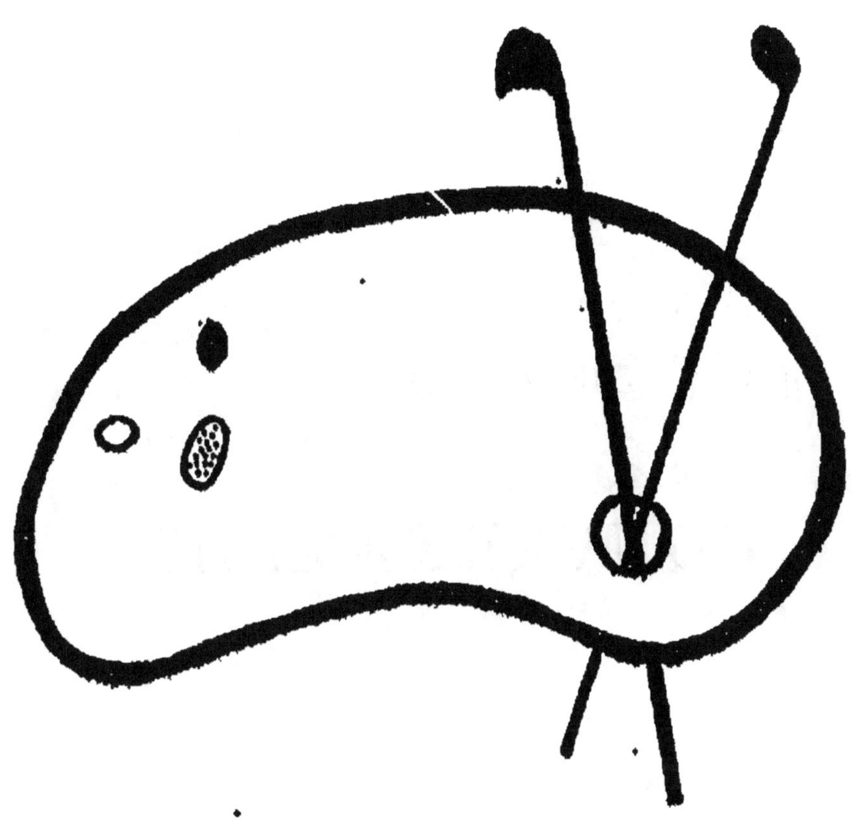

FIN D'UNE SERIE DE DOCUMENTS
EN COULEUR

UN PROGRAMME

DE

GOUVERNEMENT

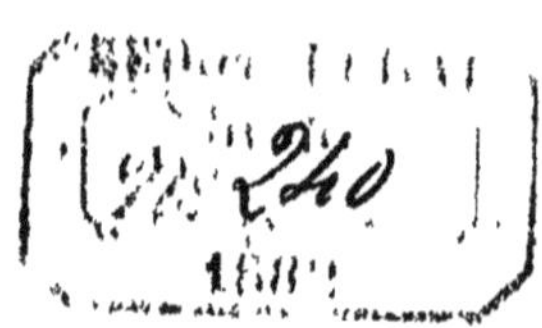

Paris — Imp. Gauthier-Villars, 55, quai des Grands-Augustins

UN PROGRAMME

DE

GOUVERNEMENT

OÙ SOMMES-NOUS ? ET CE QU'IL Y AURAIT A FAIRE

PAR

M. le Comte D'HAUSSONVILLE

SÉNATEUR

Prix : 1 franc

PARIS

LIBRAIRIE NOUVELLE

15, BOULEVARD DES ITALIENS, 15

et chez tous les libraires

1882

UN PROGRAMME

DE

GOUVERNEMENT

Où sommes-nous? Et ce qu'il y aurait à faire.

Je me propose de rechercher dans ce très bref écrit quel devrait être aujourd'hui le programme d'un gouvernement affranchi de toute préoccupation de parti, qui n'aurait rien autre chose à cœur que les intérêts permanents de notre pays, je veux dire, afin de préciser ma pensée, qui serait exclusivement soucieux, en 1882, de guérir les plaies encore saignantes de la noble blessée de 1870.

Au lendemain de nos funestes revers, c'est-à-dire au quart d'heure trop court des sages et viriles résolutions, l'accord s'était presque fait entre tous les partis, et l'harmonie était à peu près complète entre la majorité de l'Assemblée nationale et l'homme d'État éminent qu'un vœu clairement exprimé des collèges électoraux avait appelé à prendre la direction des affaires publiques. Cet accord avait été spontané, parce que l'aspiration était la même, parce que de part et d'autre on poursuivait un même but patriotique, à savoir : *le relèvement du pays.*

Cependant les mesures excellentes prises par M. Thiers afin de réparer la perte douloureuse de l'Alsace et de la Lorraine violemment arrachées au vieux sol français, et de réorganiser nos forces pour des jours plus heureux, ont été peu à peu délaissées pour faire place, en matière de politique extérieure, d'organisation militaire, d'administration financière, ou de régime intérieur, à d'autres tendances qui auraient excité sa plus vive désapprobation. On sait, en effet, qu'il était bien plus prêt à s'entendre, sur la plupart des questions alors soulevées, avec les partisans de la monarchie qu'avec ceux de la République. Combien de fois, et jusqu'à l'heure de sa mort, ne l'a-t-on pas entendu dire dans son intimité, avec l'accent d'une sincérité un peu triste : « Oui, je suis avec les républicains, oui, j'ai été amené par l'étude réfléchie des faits contemporains à croire que la forme de gouvernement qui leur est chère est celle qui convient le mieux, quant à présent, à la France; mais, en dehors de cette conviction, il n'y a peut-être pas une seule de leurs idées que je partage. »

Depuis que M. Thiers a disparu de ce monde, ces idées, qu'il partageait si peu, auxquelles il répugnait si visiblement, ont regagné tout le terrain que, de son vivant, il leur avait disputé, et voici le moment où un programme officiel de gouvernement va nous être forcément apporté par ces mêmes personnes auxquelles il redoutait si fort de voir remettre la direction des affaires.

Afin de me sentir plus assuré de juger ce programme

avec impartialité, le jour où il sera soumis à l'appréciation des Chambres, je voudrais essayer d'indiquer à l'avance ce qu'à mon sens il devrait être, si, comme je le souhaite, et comme cela ne lui devrait pas être impossible, le chef du ministère actuel et les collaborateurs qu'il s'est adjoints, laissant de côté les préoccupations des partis, voulaient bien ne songer qu'aux moyens les plus propres à faire graduellement reprendre à notre pays la place qui lui a toujours appartenu dans les conseils de l'Europe. Cette place, quand un peuple l'a momentanément perdue, ne peut être reconquise et définitivement gardée qu'à force de réserve, de circonspection et de persévérance de la part des chefs qu'il a mis à sa tête. Quant aux moyens dont les hommes d'État disposent, ils sont les mêmes dans tous les temps et par tous les pays : une politique extérieure sage et prévoyante, des armées bien organisées, de bonnes finances, l'ordre et la paix à l'intérieur.

Les règles de conduite que M. Thiers avait tracées de main de maître constituaient un programme qui avait pour but principal la consolidation de la République. Les républicains les plus avancés auraient donc tort de le tenir pour suspect. Arrivés aujourd'hui au pouvoir, ils ne m'en voudront pas, je l'espère, d'affirmer qu'il n'a chance de valoir que dans la proportion où il se rapprochera de celui de l'homme d'État dont ils n'avaient jamais, jusqu'en ces derniers temps, à contester le patriotisme et les lumières.

Cela dit, entrons dans les détails.

Politique extérieure.

La politique extérieure de M. Thiers était une politique d'abstention, de réserve, de recueillement, suivant le mot introduit dans la langue diplomatique par le cabinet de Saint-Pétersbourg après la prise de Sébastopol. Ce n'était pas une conception de fantaisie; elle nous était imposée par la force des choses, par la misère de nos populations, par des revers militaires noblement supportés, mais qui nous interdisaient l'espoir de reprendre incontinent, parmi les cabinets européens, notre place accoutumée. Si M. Thiers ne l'a pas inventée, il a eu du moins l'honneur de la mettre le premier en pratique avec sa haute raison et sa clairvoyance vraiment supérieure. Peut-être, afin de mieux faire comprendre à l'étranger cette ferme intention de la France de se tenir pour quelque temps à l'écart, pour se dérober plus sûrement à la tentation de quelque dangereuse ingérence et se défendre contre toutes les éventualités, aurait-il été plus prudent et plus significatif encore de n'entretenir auprès des grandes cours que des chargés d'affaires, simples consuls renforcés, hommes du métier et bons observateurs. Je me souviens d'avoir, à plusieurs reprises, développé cette idée à M. Thiers. Telle n'était pas son impression. Il pensait que pour donner crédit au nouvel établissement républicain, il convenait de lui donner au dehors des représentants porteurs de grands noms aristocratiques et jouissant d'une haute situation dans la société européenne. C'est ainsi qu'il avait offert à M. le duc de Noailles l'ambassade d'Espagne, en même temps qu'il faisait entrer son fils, le marquis de Noailles, comme ministre dans la carrière diplomatique; qu'il envoyait le marquis de Bouillé à Madrid, le duc de Broglie à Londres, le comte Bernard d'Harcourt à Rome, le comte de Gontaut-Biron à Berlin, et le marquis de Vogué à Constantinople. Quant aux instructions données à ces messieurs, dont le choix ne déparait pas, à coup sûr, la République, elles impliquaient la stricte observation de la politique de réserve que j'expliquais tout à l'heure, politique qui a été recommandée à tous nos agents par M. Jules Favre et par M. de Rémusat, pendant la présidence de M. Thiers, qu'ont fidèlement observée M. le maréchal de Mac-Mahon et ses divers ministères jusqu'à celui qui a suivi la crise du 16 Mai. Le duc Decazes et le duc de Broglie y ont été scrupuleusement fidèles. Jusqu'aux circonstances récentes et fâcheuses dont nous allons parler tout à l'heure, M. le président Grévy et ses ministres n'avaient pas eu l'air de songer en aucune façon à s'en écarter.

Cette politique consistait non point à renoncer à toute relation diplomatique ni à toute influence, mais : 1° à réserver toute son action pour les intérêts *exclusivement et proprement français* ; 2° dans les affaires générales de l'Europe, sans refuser de participer aux délibérations communes et en employant toujours ses efforts et ses bons offices pour le maintien de la paix, *à n'entrer dans aucune complication, à se tenir libre de tout engage-*

ment, de telle sorte que si, malgré tous les efforts contraires, un conflit survenait en Europe, la France fût maîtresse ou de n'y prendre aucune part ou d'y jouer, à la dernière heure, tel rôle qui lui conviendrait.

Une pareille ligne de conduite, parfaitement explicable par les sacrifices que nos revers avaient rendus nécessaires et par l'isolement où la France était restée durant la lutte de 1870, — exempte d'ailleurs de toute arrière-pensée et ne couvrant aucun piège, — n'avait point tardé à porter ses fruits. La France était traitée par tous avec égards, même avec intérêt, et chacun sentait le besoin de la ménager. On éprouvait aussi généralement le désir de lui voir reprendre sa place dans l'équilibre européen. Je dirais volontiers qu'en faisant ainsi le vide, elle agissait presque aussi efficacement que si elle eût tenté d'exercer une influence plus directe qui ne lui était point permise à cause de son état de faiblesse.

On eut la preuve des bons résultats de cette politique lorsqu'au printemps de 1875, il y eut des raisons de croire que l'Allemagne méditait de reprendre à notre égard une attitude agressive. Quelques paroles échappées aux chefs du parti militaire à Berlin avaient fait naître cette crainte. Au premier éveil qui fut donné, au premier avertissement sorti de la bouche de nos ambassadeurs, ce fut une émulation en Europe à qui viendrait le plus efficacement à notre aide. L'Angleterre et la Russie insistèrent également à Berlin pour faire disparaître ces alarmes. Au désir de maintenir la paix se joignait certainement chez ces cabinets la pensée de ménager une puissance toujours grande malgré son affaiblissement

momentané, et dont, à un jour donné, on serait bien aise
de pouvoir se procurer le concours [1].

1. On a généralement ignoré les détails de cette intervention; inoffi-
cielle d'ailleurs et toute verbale de l'Angleterre et de la Russie en
notre faveur. Le fait seul est avéré, mais n'a pas, à ma connaissance du
moins, laissé de traces apparentes dans les archives diplomatiques de
ces deux cours. Si je suis bien renseigné, et je crois l'être, voici comment les choses se sont passées et ce que l'on a pu recueillir de la
bouche des agents étrangers les mieux disposés pour nous :

Tout le monde sait que le gouvernement allemand a eu l'intention évi-
dente d'envahir de nouveau la France dans le courant de l'année 1875.
A la chancellerie d'État de Vienne on croyait savoir que M. de Moltke
et le parti militaire étaient beaucoup plus enclins que M. de Bismarck lui-même à commencer cette guerre. Cela était probable en
effet. Aux yeux des militaires prussiens, la destruction de la France,
au jour où elle apparaît comme possible, est, pour l'Allemagne, la
manière la plus sûre d'éviter les dangers de l'avenir. D'après M. de Bismarck, qui est un politique, la question était un' peu plus complexe.
Quoi qu'il en soit, la question a été posée à plusieurs reprises. On a
commencé par chercher des prétextes : Il a d'abord été question de nos
achats de chevaux, de foins, etc. Nous avons prouvé que nous n'avions
acheté ni foins ni chevaux. Puis on a mis en avant la création des quatrièmes bataillons. Il a été facilement établi que cette création répondait à des nécessités d'un ordre tout particulier, afin de faciliter l'avancement des officiers dans l'armée encombrée d'états-majors. Les
quatrièmes bataillons n'existaient d'ailleurs que sur le papier.

M. de Bismarck a jeté alors le masque et nous a dit ou fait dire :
« Vous ressuscitez. Le jour où vous vous croirez de force à nous attaquer,
« à prendre votre revanche, à reconquérir vos provinces perdues, vous
« le ferez de toute nécessité. Politiquement, *chrétiennement*, nous
« devons vous attaquer de suite, afin de prévenir ainsi un grand danger
« pour nous et une grande effusion de sang. »

Voilà l'explication de cette audacieuse, franchise qui d'ailleurs est
assez dans le caractère du chancelier de l'empire d'Allemagne. Il était
fatigué et irrité des discussions auxquelles avait donné lieu la mise
en avant de ces principaux griefs, discussions dans lesquelles il n'avait
pas toujours eu le dessus. Il aimait mieux en finir par un coup d'État.
Mais cet éclat avait donné l'éveil à l'Europe. L'Angleterre est alors
sortie de son silence.

Déjà certaines récriminations de M. de Bismarck au sujet de la Belgique l'avaient touché au vif. Elle connaissait l'ensemble de ses plans dont

Les affaires d'Orient s'étant compliquées et aigries à
la fin de cette même année, la France put, en continuant

une bonne partie était déjà exécutée en Europe. Elle avait les oreilles
encore pleines des confidences qu'il avait autrefois promenées dans tous les
salons du monde diplomatique quand il y exposait ses plans d'annexion qui
embrassaient la Hollande et la Belgique, une portion de la France jusqu'à la Somme, peut-être jusqu'à la Seine, et comprenaient la possession d'une grande partie des côtes de la Manche placées en face de
l'Angleterre. C'est alors que lord Derby est intervenu activement en
faveur du maintien de la paix. Il se sentait soutenu dans cette cause
non seulement par l'opinion de la nation britannique, mais aussi par
les sentiments particuliers de la reine Victoria, sympathique, il est vrai,
à l'Allemagne, par suite du mariage de sa fille avec l'héritier de la
couronne impériale, et qui, pendant la guerre, avait fait des vœux pour
le succès des Prussiens; mais un certain revirement s'était opéré chez
elle depuis que la Belgique s'était sentie menacée. La Belgique, c'était
presque le pays d'origine de son mari, le prince Albert de Cobourg, de
ce mari qu'elle considérait encore, après l'avoir perdu, comme le guide
naturel de ses actions; toutes ses décisions étaient subordonnées à ce
qu'elle supposait conforme à ses désirs s'il eût encore été vivant. Ce
fut donc fort de cette approbation de sa souveraine que le chef du *Fo-
reign Office* fit dire à Berlin qu'une attaque contre la France exciterait
une indignation générale, déclarant au comte de Münster qu'il ne prenait pas au sérieux les assertions de la Prusse au sujet des arme-
ments de la France, et qu'il n'y voyait qu'un prétexte. C'étaient là des
paroles fort nettes. Leur netteté n'était pas inutile, car, depuis la mort
de lord Palmerston, on était habitué à voir les cabinets anglais se mê-
ler assez peu des affaires du continent, donner quelquefois leur avis
avec un certain air d'autorité, mais, s'il n'était pas suivi, le soutenir
assez froidement et rentrer vite dans le silence. Cette fois, il fallait donc
parler un peu haut, ce que fit lord Derby dans une question où il sentait les intérêts vitaux de son pays directement engagés.

De l'intervention non moins efficace de la Russie, nous ne parlerons
pas, parce que les détails en sont plus connus. Cependant on peut rappeler, parce que le rappeler c'est se montrer reconnaissant, avec quelle
sympathie l'empereur Alexandre II accueillit l'expression émue de la
crainte trop naturelle que ressentait pour l'existence de la France notre
ambassadeur à Saint-Pétersbourg en apprenant les sinistres projets de
la Prusse. Alexandre II ne se contenta point de le rassurer en termes
généreux avec un affectueux empressement. De lui-même il lui promit
son intervention directe, immédiate, et le même jour il tenait sa parole.

toujours la même politique, en apercevoir la sagesse et en constater déjà les heureux résultats.

Pendant toutes les négociations qui précédèrent la guerre de la Russie et de la Turquie, la France se vit consultée, recherchée, écoutée par toutes les parties intéressées. A la conférence de Constantinople, en 1876, les deux plénipotentiaires français, MM. de Bourgoing et de Chaudordy, jouèrent en quelque sorte le rôle de conciliateurs officieux. Ils surent toujours appuyer les réclamations des populations chrétiennes opprimées, sans blesser les susceptibilités de la Porte, et défendre les droits de la Porte contre la Russie, sans se mettre en conflit avec le cabinet de Saint-Pétersbourg. Les excellentes instructions données par le duc Decazes et citées à la tribune du Sénat par le duc de Broglie furent exactement suivies.

Quand, malgré tous les efforts pacifiques, la lutte s'engagea, la France fut et resta spectatrice sans que personne eût à lui reprocher ni d'avoir manqué à sa parole ni d'avoir compromis sa dignité.

La lutte se termina, à la fin de 1877, par ce traité de San Stefano, que l'opinion générale de l'Europe trouva excessif et dont l'Angleterre déclara ne pouvoir accepter les conditions trop favorables, d'après elle, à l'extension de la puissance russe en Orient. Un congrès fut convoqué à Berlin, sur la proposition de l'Allemagne, pour réviser ce traité et mettre ordre, par un concert européen, aux troubles de cette situation.

Il y a lieu de penser qu'à ce moment le cabinet anglais, présidé par M. Disraeli, fit sonder le Gouvernement français pour savoir s'il ne jugerait pas convenable d'entrer en relations plus intimes et de jeter les bases d'une alliance où l'Autriche et l'Italie pourraient prendre place, et qui ferait face, dans le cas d'un conflit possible et vraisemblable, à l'alliance également possible et non moins probable de l'Allemagne et de la Russie[1].

Le cabinet français, présidé par M. Dufaure, et où

1. Au moment où commençait la guerre de la Russie contre la Porte, en 1877, lord Beaconsfield avait reproché à notre Gouvernement d'être trop favorable au cabinet de Saint-Pétersbourg, et peut-être d'avoir quelque entente secrète avec lui. Il était naturel que le ministre des affaires étrangères de cette époque (c'était le duc Decazes) cherchât à démentir cette supposition tout à fait erronée. Son langage, tel qu'il m'a été rapporté par des membres du corps diplomatique étrangers, fut en cette circonstance ce qu'il avait toujours été dans les communications adressées par lui aux grandes puissances de l'Europe, c'est-à-dire marquées au coin du bon sens, de beaucoup de droiture et d'une circonspection très avisée. Il fit remarquer avec toute sorte de raison à lord Beaconsfield, qu'à la vérité nous n'avions pas contre la Russie cette profonde méfiance et cette jalousie de peuple à peuple qui existe naturellement contre elle en Angleterre, cette puissance ne 'menaçant directement aucun de nos intérêts nationaux, comme elle menace, dans la pensée du cabinet britannique, quelques-uns des siens. A l'égard de la Russie pacifique, il était simple que nous éprouvions des sentiments de bienveillance que nous ne saurions étendre à la Russie lancée dans une guerre pleine de dangers pour l'Europe. Mais d'engagements publics ou secrets avec elle, nous n'en avions aucun. Ayant toujours déclaré que nous resterions en toute occasion strictement neutres, nous entendions faire honneur à cette parole. Il nous était d'ailleurs impossible de perdre jamais de vue la malveillance dont nous étions l'objet de la part de l'Allemagne. Elle ne craignait rien tant que de nous voir rechercher des alliances. Si elle nous supposait au moment d'en nouer quelqu'une, il était probable qu'elle précipiterait ses mauvais desseins contre nous afin de ne pas nous en laisser le temps. Il était donc de notre devoir d'être extrêmement circonspects, et de nous garder de toutes avances qui pourraient nous compromettre, si elles étaient mal accueillies, parce qu'elles seraient certainement divulguées.

Ces explications si fondées en raison et si bien déduites étaient de nature à convaincre lord Beaconsfield et eurent pour effet immédiat de le rassurer complétement.

M. Waddington tenait le portefeuille des affaires étrangères, déclina cette ouverture, ou plutôt ne lui laissa pas prendre une consistance suffisante pour avoir même à la discuter.

Ce fut à la suite de ce refus indirect que l'Angleterre voulant éviter une lutte européenne où elle n'aurait pas eu d'alliés, et résolue, cependant, à ne pas tout céder, chercha à se préparer, à tout événement, une compensation pour les sacrifices qu'elle pourrait être amenée à faire afin de sauvegarder ses intérêts en Orient. L'occupation de Chypre a été la mise à exécution de cette pensée.

Il serait injuste de blâmer le cabinet français de n'être point entré dans la voie hasardeuse qui lui était proposée et où, d'ailleurs, l'opinion publique ne l'aurait certainement pas suivi ; mais la conséquence était de maintenir plus que jamais la ligne de *recueillement* et d'indépendance qui avait été adoptée. Puisqu'on se refusait à toute alliance, il fallait plus que jamais s'abstenir de toute ingérence personnelle et compromettante, dans les intérêts qui étaient en conflit devant le Congrès. Puisqu'on voulait (et on avait raison) être neutre, il fallait à tout prix rester libre, et dès qu'on ne songeait à chercher aucun avantage il fallait avoir le mérite complet de ce désintéressement.

C'est ce que les représentants de la France au Congrès de Berlin ont malheureusement semblé perdre de vue. Ils eurent tout à la fois le tort de prendre aux décisions du Congrès une part trop active, et de se faire une affaire en quelque sorte personnelle de deux ou trois des questions qui y furent débattues.

En premier lieu, ils se laissèrent charger de tenir la plume et de donner eux-mêmes la forme et la rédaction aux décisions que prendrait le Congrès. C'était une politesse qu'on leur faisait et qui s'expliquait par ce fait que le français est encore la langue diplomatique, celle des traités et des protocoles. Mais la conséquence était aussi de les associer d'une façon tout à fait intime à des décisions qui, intervenant entre des partis en lutte, ne pouvaient manquer de froisser l'une ou l'autre, soit la Porte soit la Russie et peut-être toutes les deux. Ils devenaient par là même les *interprètes jurés*, en quelque sorte, de ces décisions, et si elles rencontraient, comme cela n'a pas manqué, des difficultés dans l'exécution, il était à prévoir que ce serait à eux qu'on aurait recours. Une adhésion simplement donnée aux décisions de la majorité, après un débat toujours dirigé dans l'intérêt de la paix et de la concorde, eût été suffisante pour la dignité de leur rôle et les eût mieux dégagés de la responsabilité des conséquences.

Cette remarque peut paraître frivole. Ceux qui ont manié les rapports diplomatiques et en connaissent la délicatesse ne la croiront pas sans importance.

Mais ce qui fut beaucoup plus grave, ce fut le parti pris par les plénipotentiaires français d'appuyer dans le Congrès, avec une chaleur qui semblait toute personnelle, deux revendications qui, bien que dignes d'égards, n'avaient pourtant pas le caractère d'intérêts français proprement dits : les demandes de la Grèce tendant à une extension de ses frontières, et la réclamation des juifs de Roumanie.

La première, surtout, de ces deux affaires a eu des conséquences particulièrement fâcheuses.

Sans doute le jeune royaume de Grèce a droit à notre sympathie, et cette création de la politique française (dans ses meilleurs jours) aurait dû être défendue si elle avait été attaquée. Mais elle ne l'était pas. Rien ne menaçait la Grèce dans les limites que les traités lui avaient reconnues. C'était la Grèce qui demandait à profiter des malheurs de la Turquie, en vertu de cet étrange argument qu'elle aurait pu intervenir dans la lutte, accabler la Turquie sans défense, et qu'on lui devait une compensation pour être demeurée tranquille.

Sans même combattre de front une prétention si contestable, on pouvait s'en remettre simplement à la décision du Congrès.

C'est ce que ne fit pas notre ministre des affaires étrangères. La question grecque devint par la vivacité qu'il mit à la défendre une question vraiment française. La décision du Congrès favorable à la Grèce devint pour M. Waddington notre affaire propre. Par suite, toutes les difficultés que l'exécution de cette décision pouvait rencontrer passèrent à notre compte, en même temps que tous les ressentiments que la Porte en conçut furent désormais dirigés contre nous. Nous nous étions fait de la Porte, jusque-là bienveillante, une ennemie irréconciliable.

Il est difficile de supposer que les représentants de la France en Orient n'aient pas, à plusieurs reprises et avec insistance, attiré la sérieuse attention des négociateurs français à Berlin sur la répugnance de notre vieille alliée, la Turquie, éprouvée par les désastres de la

2

guerre, comme nous venions de l'être récemment nous-mêmes, à céder une partie de son territoire à la Grèce.

La Sublime Porte sait parfaitement, d'accord en cela avec la nation tout entière et avec les habitants des provinces convoitées, que les Grecs sont de longue date, ses plus constants, ses plus remuants et ses moins honnêtes ennemis. Elle n'ignore pas non plus que ce n'est pas un accroissement petit ou grand qui les contentera, et que leurs aspirations portent plus haut. Sous prétexte d'hellénisme, leur prétention est de reconstituer l'Empire de Byzance, en mettant sous leur domination les slaves de toute origine qui revendiquent les droits de leurs nationalités et de leur religion nationale.

La faute fut aussitôt visible pour tous les gens expérimentés ; mais c'est tout dernièrement que nous avons appris, ce que les plus avisés ne faisaient que soupçonner, à savoir : qu'une autre bien autrement grave encore avait été commise.

Nous savons maintenant, par des révélations indéniables, que pendant la durée du Congrès la convention particulière qui donnait Chypre à l'Angleterre étant venue à sa connaissance, notre plénipotentiaire pris par surprise et craignant l'effet de cette prise de possession sur l'opinion publique en France, chercha une compensation et négocia tout de suite avec le plénipotentiaire anglais l'autorisation pour son gouvernement de s'emparer de la Régence de Tunis, et obtint la promesse que le cabinet anglais n'y ferait pas obstacle.

La surprise n'était pas naturelle, car des indices très clairs sur les intentions de l'Angleterre avaient été donnés, même dans le Parlement britannique, et si on regardait cette annexion anglaise comme dangereuse pour les intérêts français, il eût été possible de s'en expliquer d'avance et d'amener peut-être nos voisins à y renoncer.

En tout cas, ce que valait cette compensation demandée à la hâte et sans réflexion, nous le savons aujourd'hui par les embarras qu'elle nous cause. Mais l'inconvénient immédiat était de nous associer de nouveau, et cette fois, bien plus intimement encore, à l'espèce de partage anticipé et partiel de l'empire ottoman que sanctionnait sans trop de façons le Congrès de Berlin. — L'Angleterre prenait Chypre, l'Autriche prenait la Bosnie, la Russie étendait aussi ses limites; pour nous, nous nous emparions de Tunis; notre association était complète, et quand, à son retour à Paris, M. Waddington dit à la tribune et fit dire par tous les journaux que seul il revenait de Berlin les *mains nettes*, plus d'un plénipotentiaire européen sachant à quoi s'en tenir a dû sourire intérieurement.

Voyons maintenant les conséquences de cette double faute : d'abord la Grèce.

L'ardeur que notre cabinet avait mise à soulever et à défendre à Berlin cette question grecque, il l'a mise et avec plus de passion encore à poursuivre l'exécution de la résolution du Congrès. Pendant deux ans, M. Waddington d'abord, M. de Freycinet ensuite, ont à la lettre fatigué l'Europe et la Porte de leurs instances pour mener à fin l'affaire dont ils avaient fait le premier, presque l'unique objet de la politique française. Conférences de diplomates, notes pressantes et comminatoires, tout a été mis en œuvre, et tout l'a été à peu près inutilement. C'est alors que pour vaincre les résistances indirectes et les moyens dilatoires de la Porte, nous n'avons pas hésité à réclamer enfin nous-mêmes l'emploi de la force qui, pourtant, n'était pas la conséquence de la décision même du Congrès; car cette décision n'avait été signifiée à la Porte que sous forme de conseil et d'exhortation. Et c'est nous aussi qui avons sollicité de l'Europe une démonstration navale contre la Porte, afin de lui enlever les territoires réclamés par la Grèce, nous offrant ainsi pour faire le métier de gendarmes chargés d'exécuter par contrainte les décisions du tribunal européen contre la Porte, notre vieille et souvent utile alliée.

Pendant ce temps-là, nos agents encourageaient les projets qu'avait la Grèce de se faire rendre justice (ou ce qu'elle appelait ainsi) par ses propres mains. Des officiers lui ont été promis pour organiser son armée; elle a pu prendre chez nous, et même dans nos arsenaux, les armes et les munitions dont elle avait besoin.

Si on eût persévéré dans une pareille voie, c'était la guerre à courte échéance, que nous étions tenus d'entreprendre nous-mêmes contre la Porte, qui peut-être alors eût trouvé des alliés.

L'opinion publique, justement émue en France, a pris l'éveil. Elle a bien, juste à temps, arrêté le mouvement sur cette pente. Un nouveau ministre, M. Barthélemy Saint-Hilaire, s'est chargé de dégager la politique française, et a signifié un peu rudement aux Grecs qu'ils n'eussent plus à compter sur nous. Cet avertissement donné à propos nous a épargné des complications très graves, mais une telle inconsistance dans nos desseins n'a pas contribué à relever en Europe la renommée de sagesse et de fierté du gouvernement français. Il était sage, voulant rester en paix, de reculer à la dernière heure, mais il eût été plus prudent et en même temps plus digne de ne pas s'avancer si imprudemment.

En définitive, la question grecque a été réglée par l'Europe sans nous, en rabattant quelque peu de nos excessives prétentions, et la Porte est restée blessée de notre insistance, comme la Grèce de notre abandon; nous avons mécontenté tout le monde.

Voyons maintenant l'affaire de Tunis.

En aucun temps et dans aucune condition cette annexion de la Régence n'eût été bonne pour la France. Nous avons assez d'affaires en Europe pour qu'il y ait beaucoup d'inconvénients à paralyser en Afrique une partie de nos forces, plus considérable que celle qu'il nous faut de toute nécessité retenir en Algérie. Le voisinage de la Porte est d'ailleurs dangereux, parce qu'il amène éventuellement la possibilité d'une intervention de l'Europe, qui considère volontiers tout conflit avec la Porte comme menaçant de près ou de loin son équilibre.

Mais du moment que le cabinet français s'était fait adjuger cette compensation, le bon sens aurait voulu, s'il n'y renonçait pas pour toujours après réflexion (ce qui peut-être aurait mieux valu), le bon sens, dis-je, aurait voulu qu'il s'en rendît maître tout de suite en prenant au mot l'Angleterre et par conséquent l'Europe entière.

Quand chacun sortait du Congrès de Berlin, muni du

lot qu'il s'était adjugé, tout le monde nous eût laissé faire, les Anglais surtout, tout pleins de l'illusion que l'annexion de Chypre leur serait infiniment utile et qui n'avaient encore rien perdu de leur admiration pour l'œuvre diplomatique de lord Beaconsfield. C'est à peine si la Porte, se débattant au nord et au sud contre de redoutables ennemis, se serait aperçue de l'opération inoffensive qui lui enlevait une province sur laquelle elle n'a jamais exercé qu'une suprématie nominale. Nous n'aurions eu à faire qu'aux difficultés intérieures de la Régence, ce qui était déjà bien suffisant.

Mais je ne sais pourquoi, à moins que ce ne soit pour réserver l'éclat d'une conquête à d'autres qu'à un maréchal de France, alors Président de la République, au lieu, soit d'abandonner, soit de mettre à exécution cette pensée de s'approprier la Tunisie, qui avait pris corps à Berlin, on s'est borné à l'ajourner, en gardant par devers soi l'idée d'y revenir, et en préparant même, à tout événement et le cas échéant, un traité (c'est M. Barthélemy Saint-Hilaire qui nous l'a appris), qu'on se réservait de mettre à exécution après quatre ans écoulés.

La conséquence de cette singulière manœuvre a été celle-ci : d'abord l'Angleterre a changé de ministère, et l'état de l'opinion n'a plus été le même de l'autre côté de la Manche. Ce que le peuple britannique eût facilement accepté de lord Beaconsfield triomphant, lui a paru dur à supporter de la main de M. Gladstone, qui a attaqué toute la politique étrangère de ses prédécesseurs. Chypre ne lui ayant pas rendu ce qu'elle attendait, elle trouve que Tunis est un prix trop élevé pour le payer.

Ensuite, dans l'intervalle, le bey sachant parfaitement, (comment l'eût-il ignoré ?) qu'il était menacé par la France et sacrifié par l'Angleterre, a cherché ailleurs des appuis, et l'Italie les lui a offerts ; et c'est à partir du traité médité à Berlin et non exécuté, que l'influence de l'Italie est devenue prépondérante à Tunis. On conçoit très bien que le Bey ait eu plus de faiblesse pour ceux qui lui paraissaient défendre son pouvoir que pour ceux qui l'avaient sacrifié d'avance et ne lui accordaient qu'un sursis.

De plus, les agents français à Tunis, désireux de voir se réaliser une opération qui allai tgrandir leur importance, n'ont plus cherché que des prétextes pour la justifier. De là les querelles toujours renaissantes. De là aussi avec la perspective d'une intervention et d'une occupation françaises presque ouvertement annoncées l'empressement de ces gens d'affaires plus ou moins véreux à venir en escompter les bénéfices.

Enfin, tandis qu'en 1876 on eût agi à visage découvert, il a fallu, après avoir laissé passer l'occasion, chercher un prétexte qu'on n'a pas trouvé, et qui nous donne l'apparence d'avoir agi par ruse en trompant le Bey, la France et l'Europe.

Résumons maintenant les conséquences des fautes commises à Berlin :

A prendre une attitude diplomatique plus active que celle qui avait été suivie jusque-là, à sortir de la réserve et du recueillement, avons-nous gagné une alliance ou une force en Europe ?

Assurément non. L'alliance des trois empereurs du

Nord (si elle ne nous menace pas directement, ce que je crois volontiers, sauf dans certains cas) n'est certainement pas amicale. Aujourd'hui nous risquons de ne plus retrouver la bienveillance que deux puissants cabinets nous ont témoignée en 1875. A tout mettre au pis, ce qui est sage de la part d'une nation, il est permis de se demander si l'Autriche dominée par l'Allemagne, et, la Russie épuisée par ses dernières guerres, seraient portées à faire quelque chose pour nous, si nous étions menacés, comme naguère nous avons cru l'être; et, quant à la bienveillance dédaigneuse de Berlin qui nous a si fort poussés vers la Tunisie, il y aurait plus que de l'enfantillage à y trop compter.

En ce moment, nos rapports avec l'Angleterre sont froids, et l'opinion italienne nous est violemment hostile.

En Orient, nous avons surexcité contre nous, par notre attitude dans la question grecque et par la prise de Tunis, toute la race musulmane. C'est la France et la France seule qui est rendue responsable de toutes les humiliations subies par le Croissant; c'est contre elle surtout que la guerre sainte est prêchée. La Grèce ne croit plus à l'efficacité de notre bienveillance, et quant aux populations chrétiennes d'Orient, notre protectorat s'y maintient encore parce que MM. de Freycinet et Barthélemy Saint-Hilaire ont eu l'heureuse inconséquence de ne pas poursuivre en Asie la politique de persécution religieuse qu'ils ont inaugurée en Europe, et parce qu'ils ont continué à protéger à Constantinople, à Damas, à Beyrouth, ces mêmes ordres religieux qu'ils ont expulsés de France.

Mais un pas de plus dans la voie qu'ils ont ouverte et dans laquelle on peut craindre que leurs successeurs s'engagent avec plus de violence, et cette influence aussi nous échappera. On peut même affirmer qu'elle est en train de grandement décroître ; car, pas plus en Orient qu'ailleurs, il n'est facile de faire comprendre à des populations mieux renseignées et plus travaillées qu'on ne le suppose par ceux qui y ont intérêt, qu'on a la volonté de protéger et de faire honorer au dehors ce que l'on persécute chez soi.

Voilà le résultat, en trois ans, d'une politique ignorante en diplomatie, plus patriotique d'intention qu'elle n'a été prudente et avisée dans sa conduite.

Il n'était pas impossible d'en prévoir les conséquences.

Dans ce monde, il faut, en effet, savoir prendre son parti ou des chances de l'action ou des inconvénients du repos. Il faut ou agir ou se tenir tranquille. Depuis trois ans, on n'a fait ni l'un ni l'autre. On a voulu remuer sans hasarder les risques que tout mouvement fait encourir. On y a perdu à la fois la sécurité et la dignité. Il n'est que temps de revenir au système de la politique extérieure réfléchie et modeste inaugurée par M. Thiers sous l'impression encore chaude des sévères leçons à nous données par les événements de 1870, politique non moins appropriée aux conditions actuelles de la France qu'aux circonstances générales de l'Europe, qui a reçu, à maintes reprises, l'approbation à peu près unanime de notre pays divisé sur tant d'autres points, et dont nous allions peut-être avoir la chance de recueillir les fruits dans un avenir qui avait presque l'air, il y a quelques années, de se rapprocher un peu.

Ce sont là des considérations auxquelles le chef du nouveau cabinet aurait tort de ne pas prêter la plus sérieuse attention, non point pour insérer rien de semblable dans son programme (ces questions délicates n'entrent point dans les programmes), mais pour en tenir grand compte dans la pratique et les avoir toujours présentes à l'esprit chaque fois qu'il aura des instructions à faire parvenir à ses représentants au dehors.

L'Armée.

L'objet de la principale préoccupation de tous les bons citoyens restés en dehors des querelles nauséabondes des partis qui se demandent avec anxiété comment il serait possible de préparer des destinées meilleures à notre pays, restera pour longtemps la bonne et solide constitution de notre armée. Il y a douze ans, cette préoccupation était générale. Les nécessités du moment s'imposaient à tous les esprits avec une évidence, hélas! trop manifeste, et qui ne permettait à personne d'y rester indifférent.

Après la dernière guerre et le second siège de Paris, la France n'avait plus que les éléments d'une armée, sans organisation, sans institutions. Il fallait régler le recrutement, organiser les cadres et les corps de troupes, créer le matériel de guerre, construire des places nouvelles sur une frontière béante, et transformer une partie des anciennes places.

Les pouvoirs publics se sont appliqués à cette tâche avec un zèle qui n'a peut-être pas toujours été suffisamment éclairé, mais avec un patriotisme qui est resté longtemps exempt de tout esprit de parti. L'œuvre était complexe. Elle a été entreprise et poussée avec vigueur. Elle se continue encore. Certes, il ne m'appartient pas de la juger dans ses détails. La compétence nécessaire me manque absolument ; mais j'ai fait causer beaucoup de généraux dont l'autorité n'est contestée par personne, et je ne crois pas m'égarer ni trop défigurer leur pensée en reproduisant ce que j'ai retenu des considérations qu'ils ont eu la bonté de développer devant moi.

Là aussi les premières pensées ont été excellentes et mises en pratique avec une ardeur méritoire ; mais là aussi des déviations ont eu lieu, qu'il importe de signaler.

La première loi à faire et la première faite a été la loi du recrutement. L'excellente loi de 1832, qu'il n'eût pas été impossible d'adapter à une situation nouvelle, avait été faussée en 1855, bouleversée en 1868. On ne pouvait la reprendre.

La loi de 1872 n'est pas parfaite ; elle réunit toujours les conditions essentielles d'une bonne organisation : elle est équitable ; elle donne le nombre ; elle a l'élasticité nécessaire pour permettre d'augmenter ou de réduire à volonté les effectifs ; elle fournit le moyen de donner aux troupes un certain degré d'instruction et de solidité, de pourvoir aux services auxiliaires sans diminuer les éléments de combat; elle assure des garanties suffisantes à l'instruction publique, aux cultes, aux carrières libérales.

Un gouvernement intelligent peut trouver dans la loi de 1872, pour des circonstances imprévues, plus de ressources qu'on ne croit.

L'application de la loi a été plus défectueuse que la loi elle-même. Sans doute, on peut concevoir plus d'une modification heureuse à proposer; mais ce serait un jeu dangereux. Si l'on y touchait, avec les dispositions actuelles des états-majors et dans l'esprit qui semble dominer parmi le public et quelques-uns des rares journaux s'occupant de nos institutions militaires, ce ne serait pas, je le crains, pour l'améliorer.

Une seule disposition nouvelle est indispensable : autoriser les engagements avec primes pour les corps d'outre-mer.

Par deux autres grandes lois, on a constitué les cadres et donné à l'armée une organisation qui permet de passer rapidement de l'état de paix à l'état de guerre. La charpente générale est bonne; mais ce qui frappe les esprits bien faits et les hommes de la profession, c'est que le législateur s'est perdu dans les détails. On a été encore moins heureux dans les lois secondaires. En général, on a trop légiféré.

En principe, il suffit que les lois organiques règlent le recrutement, les réquisitions, l'avancement, l'état des officiers. On donne ainsi les garanties nécessaires aux citoyens et à leurs familles.

Tout le reste devrait être du domaine du décret.

Par les lois de finances, les assemblées exercent un contrôle suffisant, peuvent toujours empêcher ce qu'elles voulent prévenir, corriger ce qu'elles veulent redresser, supprimer ce qui est reconnu excessif ou mauvais.

Je ne saurais dire quel est l'embarras des sénateurs et des députés, qui ne sont pas gens du métier, lorsque viennent à se produire, dans l'une ou l'autre Chambre, sur des matières spéciales, détaillées et techniques, ces discussions interminables, où les hommes de la profession tombent rarement d'accord.

Si l'on veut une loi sur l'organisation de l'armée, il faudrait donc se tenir aux grandes lignes.

Ces lois de détail, confuses, compliquées, hérissées de contradictions, doivent disparaître. Des esprits ombrageux ont cru y trouver une garantie contre les empiètements ou les caprices du pouvoir; ils ont seulement réussi à donner aux dépositaires de l'autorité l'habitude de violer ou d'éluder la loi, habitude qui n'est que trop familière aux Français.

On a trop sacrifié le principal aux accessoires, les troupes de combat aux corps auxiliaires. Et cependant les services accessoires, compliqués, onéreux, ne sont pas suffisamment efficaces. Partout on a multiplié à l'excès les rouages, les états-majors, tandis que le but principal devait être de simplifier et de fortifier.

Une lacune de ces lois a vivement frappé les esprits dans ces derniers temps. Il semble que le législateur n'ait prévu que les guerres continentales; il n'a pris aucune mesure pour pourvoir aux événements graves qui pourraient se produire outre-mer. L'omission a peut-être été, dans une certaine mesure, intentionnelle. On espérait prévenir les entreprises dans le genre de la guerre du Mexique; mais cet espoir a été déçu.

La lacune d'ailleurs n'est pas aussi complète qu'on se l'imagine, et notre législation présente à ce sujet des ressources dont on n'a pas essayé de faire usage.

Cependant ces ressources sont aujourd'hui insuffisantes, et il y a lieu d'y pourvoir. Rien ne serait plus naturel et plus équitable que d'autoriser des primes de réengagement en faveur des troupes d'outre-mer, c'est-à-dire pour celles qui sont employées au loin en vue d'un service d'une nature particulière. Tout Français valide doit et paye à un certain âge, par la conscription, la dette qu'il doit à sa patrie. La charge est égale quand elle est acquittée en France, et les conditions en sont les mêmes pour tous. Mais quand il s'agit d'être emmené hors d'Europe, sous des climats quelquefois meurtriers, afin d'accomplir un service beaucoup plus rude et plus dangereux, des avantages particuliers peuvent, avec raison, être concédés à ceux qui s'embarquent dans cette voie d'aventures, étant bien entendu que la loi de recrutement, si les réengagements ne suffisaient pas, serait toujours exécutoire pour fournir à l'armée les hommes dont elle a besoin.

On peut aussi arriver au même résultat par de nouveaux groupements d'unités et par diverses combinaisons. Mais il faut éviter les nouvelles créations de cadres. Nous sommes arrivés à l'extrême limite de ce que la France peut fournir de militaires professionnels.

Un immense matériel de guerre a été créé avec une rapidité qui a dépassé toute attente. Les places sont armées et pourvues; l'artillerie de campagne attelée de bonnes pièces et l'infanterie est munie d'un excellent fusil. Les perfectionnements à introduire sont sans cesse étudiés. Tout peut se compléter et s'harmoniser avec le temps, et la situation est, en somme, satisfaisante.

Les places centrales de Paris et de Lyon ont été remaniées; la première surtout a reçu un développement considérable. Les places de première ligne de Verdun, Toul, Belfort, Besançon, Grenoble ont été transformées.

Des places de deuxième ligne ont été créées à Reims, Langres et Dijon. De nombreux forts d'arrêt ont été construits. L'ensemble de ce système a été bien conçu, l'exécution conduite avec suite et dévouement.

Peut-être y a-t-il des improvisations à reprendre, des erreurs à réparer, quelques compléments à finir. Ce sera l'affaire du temps. Ce qui importe, c'est de supprimer résolûment tout l'inutile, de refaire les travaux qui ont été manqués, et surtout de s'abstenir de créations nouvelles.

L'excès de fortifications peut être encore plus nuisible que leur insuffisance.

L'instruction pratique à donner, sous le drapeau, à nos officiers et à nos soldats est d'une extrême importance. On a beaucoup travaillé dans ce sens. De nombreux règlements ont été rédigés; l'instruction des troupes a été poussée avec une application constante, et de bons résultats ont été obtenus. Quant à l'expérience du service de quarante mois, elle a été une invention désastreuse, dont les effets se feront encore sentir de la façon la plus déplorable, même après qu'elle aura été laissée de côté; et les mesures prises pour parer aux besoins de l'Algérie et de la Tunisie ont sensiblement ralenti les progrès qu'on était en train d'accomplir. C'est sur cela que la responsabilité de l'administration de la guerre a été le plus lourdement engagée, et peut-être serait-ce pour moi un devoir d'insister davantage si les Chambres avaient encore devant elle le cabinet qui l'a trop légèrement acceptée.

Parmi tant de problèmes qui s'imposent aux personnes ayant charge d'organiser nos forces nationales, un des plus difficiles à résoudre aujourd'hui est de mettre nos jeunes sous-officiers en état de remplir les fonctions essentielles qui leur sont dévolues dans la tactique moderne.

Arriver à ce résultat, donner à nos troupes de *campagne* la *cohésion* et l'*instruction*, voilà le but principal que doivent avoir devant les yeux tous ceux qui s'occupent de l'armée. Nous ne doutons pas que tel ne soit l'objectif visé par le nouveau ministre qui vient d'être placé à la tête du département de la guerre, et qui se trouve avoir tant de fautes à réparer. L'opinion publique a accueilli avec faveur ses premières mesures. La tâche qu'il a prise sur lui d'accomplir est de longue haleine; elle ne saurait être l'œuvre d'un jour. J'en suivrai le développement avec la plus vive sollicitude. Si, dans leurs lignes générales, les idées que je viens d'émettre brièvement, en reproduisant les jugements de militaires plus compétents que moi, se trouvaient, ce que j'ignore, peu près conformes à celles que le général Campenon a déjà probablement, à l'heure qu'il est, élaborées et dont les pouvoirs publics ne tarderont pas beaucoup à être officiellement saisis, je m'en réjouirais beaucoup. Dans l'état des choses, toute discussion anticipée serait oiseuse.

Algérie.

Lorsque M. Thiers fut nommé chef du Pouvoir exécutif par l'Assemblée nationale (février 1871), l'Algérie, reconnue comme partie intégrante du *territoire français*, était partagée en trois départements dont l'administration était attribuée, dans le territoire civil, aux préfets, sous-préfets et commissaires civils ; en territoire militaire, aux généraux de division ayant sous leurs ordres des chefs de subdivisions, de cercles, des annexes, et tous les chefs indigènes ; le gouverneur général continuant à dépendre au ministère de la guerre[1]. Elle fut régie par des décrets émanant, dit-on, pour la plupart, de M. Crémieux, l'un des délégués à Tours, puis à Bordeaux du gouvernement de la Défense nationale. Le 29 mars 1871 M. l'amiral de Gueydon était placé comme gouverneur *général civil* (cette qualification était empruntée au décret du 24 otobre 1870) à la tête de notre colonie africaine. Le choix était heureux à tous les points de vue. L'amiral avait été mis en relation avec M. Thiers, quand celui-ci avait, sur la demande des membres du Gouvernement, entrepris à travers toute l'Europe cette longue excursion patriotique

1. Décrets des 5, 21 mai et 9 décembre 1848.

commencée par Londres, poussée jusqu'à Saint-Pétersbourg, à Vienne et à Turin, et qui avait pour but de procurer à notre pays quelques alliés secourables. Ces
messieurs n'avaient eu que trop d'occasions de s'entretenir
des tristes événements du temps, et M. Thiers avait été mis
ainsi à même d'apprécier les brillantes facultés et l'esprit
d'initiative du brave marin qui avait naguère administré
avec distinction plusieurs de nos établissements des
Antilles. Une considération majeure détermina surtout
les préférences de M. Thiers. Déjà se dessinait, de l'autre
côté des rivages de la Méditerranée, ce mouvement d'opinion, un peu factice peut-être, mais alors très véhément,
qui s'attaquait à la suprématie dévolue jusque-là au pouvoir militaire rendu de parti pris et en bloc responsable de
quelques fâcheux incidents et de petits abus locaux que
le gouvernement de l'empire n'avait pas toujours assez
sévèrement réprimés.

C'était un état des esprits dont M. Thiers était porté
à tenir compte, quoique résolu en même temps à ne lui
sacrifier ni l'honneur de l'armée ni les intérêts supérieurs
de notre colonie africaine. Il y avait alors en Algérie de
braves généraux, comme Saussier, Lallemant, Cérez,
Lacroix, et d'autres encore, qui laissés à eux-mêmes,
sans direction, presque sans ressources, venaient de
triompher péniblement d'une formidable insurrection.
Sans doute, ils s'y seraient résignés par patriotisme, mais
c'eût été demander beaucoup au dévouement de ces vic-
torieux que de les placer brusquement sous les ordres de
quelque avocat venu de Paris. Avec sa sagacité habituelle
M. Thiers avait trouvé le biais qui arrangeait toutes

choses. Un amiral qui avait fait toute sa carrière dans la marine ne pouvait être soupçonné d'apporter dans ses nouvelles fonctions des préjugés de corps, l'esprit de camaraderie et la tendance à la faiblesse pour d'anciens compagnons d'armes. Ce n'est pas à lui qu'on pourrait reprocher de dangereuses complaisances envers les chefs arabes et la population indigène, complaisances dont on reprochait aux officiers d'Afrique de ne pas avoir toujours su se défendre à l'égard d'anciens ennemis, devenus pour eux des auxiliaires dévoués, qu'ils traitaient, disait-on, avec trop de partialité, ou des serviteurs dociles dont ils se croyaient en droit de tout exiger. D'un autre côté, pourquoi les commandants de nos troupes en Algérie n'auraient-ils pas fait bon accueil et obéi sans hésitation au brave et loyal marin qui portait comme eux l'épaulette et l'épée ?

L'amiral de Gueydon a complétement justifié la confiance mise en lui. Ce fut pendant sa courte administration et sous sa haute et prudente direction, qu'au lendemain de la révolte des tribus insurgées dans les provinces de Constantine et d'Alger (celle d'Oran demeura tranquille), on procéda par mesure de châtiment au séquestre des territoires appartenant aux tribus rebelles et au prélèvement d'une très forte contribution de guerre frappée sur les chefs de l'insurrection et sur leurs adhérents. Dans la pensée du Gouvernement, les terres séquestrées et les amendes perçues devaient servir à indemniser les victimes de l'insurrection et à former un fonds de ressources pour le développement de la colonisation. L'opération était délicate ; l'amiral la conduisit avec un heureux mélange de fermeté et de ménagements. Grâce à ses soins, et à son activité qui ne laissait rien à désirer, un territoire de 450,000 hectares environ et une somme de 30 à 35 millions furent ainsi réservés pour aider à la prise de possession du sol algérien par la population européenne. L'impulsion donnée et les services rendus à cette époque à la cause de la colonisation par l'amiral de Gueydon et dont l'effet dure encore, ne furent peut-être pas suffisamment appréciés à Alger par la presse locale et par les brouillons du pays; mais nous sommes portés à croire qu'ils sont aujourd'hui jugés avec plus d'équité.

Quoi qu'il en soit, quand M. Thiers tomba du pouvoir, le 26 mai, la nomination par le maréchal de Mac-Mahon du général républicain Chanzy, l'ex-commandant de l'armée de la Loire, le président du centre gauche à l'Assemblée nationale, auquel le titre de gouverneur général civil avait été avec raison soigneusement conservé, fut, au début, parfaitement approuvée en Algérie. Elle était on ne peut plus justifiée. Si des considérations politiques y avaient quelque part, ce qui aurait été assez naturel et de bon goût venant des ministres du 24 mai qui ne pouvaient point compter le général Chanzy parmi leurs adhérents, elle avait surtout parue dictée par la claire intelligence des vrais besoins de notre colonie. Aucun militaire ne connaissait le pays mieux que le général Chanzy et n'était plus versé dans les mille secrets de la politique un peu tortueuse des chefs arabes. Habile administrateur, décidé et persévérant en ses desseins, avec un certain mélange de souplesse, bien disant, ne manquant ni de prestance militaire ni d'autorité personnelle tempérée par beaucoup d'aménité, le général Chanzy avait tout ce qu'il fallait pour réussir, et je doute qu'il soit donné aux Algériens de rencontrer souvent un gouverneur réunissant à ce point les qualités requises pour s'acquitter de la double et difficile besogne de bien servir leurs sérieux intérêts, et de tenir compte, dans une certaine mesure, de leurs impressions, parfois un peu changeantes. La popularité du général parmi ses administrés, popularité à laquelle on lui a reproché, à tort ou à raison, d'avoir fait dans les premiers temps un peu trop de sacrifices, ne fut pas de longue durée. Il eut bientôt contre lui, pour des motifs, les uns assez futiles et d'autres peu avouables, les mêmes personnes et les mêmes journaux qui avaient mené une si vive campagne contre l'amiral de Gueydon. Lorsque le maréchal de Mac-Mahon, descendant noblement du pouvoir, remit à M. Jules Grévy la présidence de la République, il était avéré, je ne sais pourquoi, et sans qu'on pût avancer contre lui le moindre grief un peu sérieux, que la position n'était plus tenable en Algérie pour le général Chanzy.

C'est alors qu'on vit se produire un spectacle nouveau et véritablement extraordinaire pour le pays. Il arriva qu'un beau matin tout le monde se trouva miraculeusement d'accord. Un même vœu réunissait dans une touchante unanimité la population civile des trois départements d'Alger, d'Oran et de Constantine. La presse locale s'en faisait, sur place, l'ardente interprète. Les sénateurs et les députés de l'Algérie recevaient mission d'en poursuivre à Paris la prompte réalisation : il s'agissait d'obtenir du nouveau Président de la République qu'il voulût bien donner son frère pour gouverneur à l'Algérie. Ces messieurs s'y prônaient en plein régime républicain, comme autrefois les plus grands seigneurs, d'avant 1789, auraient fait sous le règne du bon plaisir. Combien de fois n'avait-on pas vu des courtisans originaires d'une même contrée s'entendre entre eux pour demander à Louis XIV ou à Louis XV, de vouloir bien, pour le plus grand intérêt de la province qu'ils habitaient, en octroyer le gouvernement à quelque membre de leurs familles. Ils sollicitaient du souverain, comme la plus insigne faveur, dont ils espéraient tirer bon parti, qu'il daignât désigner pour cet emploi quelqu'un de leurs fils ou petits-fils, un frère, un cousin éloigné, un neveu ou arrière-neveu; à défaut, ils se contentaient d'un bâtard. L'essentiel était qu'il fût du sang royal. Comme en République il n'y a pas de bâtard, les sénateurs et les députés d'Alger ont insisté d'une façon qui fut, à ce qu'il semble, tout à fait irrésistible pour obtenir du Président de la République la nomination de son frère, M. Albert Grévy.

A dire vrai, du moment qu'on ne voulait plus absolument d'un militaire, nous ne saurions trouver, à ne considérer que les intérêts de l'Algérie, que ses représentants aient fait complètement fausse route. Un peu de prestige est indispensable pour en imposer aux indigènes et s'en faire docilement obéir. Ce principe ne pouvait que manquer à tout gouverneur ne portant point l'épaulette et, à ses côtés, cette vaillante épée de nos officiers dont les Arabes ont appris à redouter la puissance; il était prudent de chercher à remplacer ce prestige par celui qui pouvait s'attacher à la personne d'un frère du Président de la

République, c'est-à-dire du grand personnage que dans les gourbis du Tell, comme à l'ombre des palmiers du Sahara, les imaginations orientales, mal renseignées, à coup sûr, qualifient volontiers de « Sultan des Français ».

Le vice-président de la Chambre des députés, en recueillant, sans trop d'inquiétude, l'héritage du général Chanzy, avait reçu et accepté de grand cœur la mission de substituer en Algérie le régime purement civil à l'ancien régime militaire. Il se tenait pour assuré qu'en donnant ainsi, sur ce point, contentement à la grande revendication poursuivie depuis longtemps par la presque totalité de la presse algérienne et par toutes les voix plus ou moins autorisées, qui prétendaient exprimer l'opinion des colons, il aurait facilement raison des dissidences locales, et rallierait promptement autour de lui toutes les adhésions, aussi bien celles du parti de l'assimilation complète au régime de la mère patrie que celles des autonomistes. Le rêve était séduisant, il fut de courte durée.

Ce n'est pas que le Gouverneur général ne se soit tout d'abord attelé consciencieusement à cette tâche avec une ardeur très méritoire. Il avait ébauché tout un plan de réorganisation algérienne, dont il ne tarda pas à esquisser les traits principaux dans un discours prononcé à Bône, au mois de septembre 1880, devant les sénateurs et les députés qu'il avait conviés à visiter l'Algérie.

A ce programme plein de promesses succédèrent des communications non moins satisfaisantes adressées aux conseils généraux des trois départements, de longues circulaires envoyées aux préfets, puis enfin les premières

mesures d'exécution, parmi lesquelles il faut noter, comme
l'une des plus significatives, et peut-être, à mon sens, un
peu prématurée, au moins quant à l'étendue des terrains
qu'elle embrassait, le passage immédiat de tout le Tell
sous le régime civil. Mais M. Albert Grévy avait affaire
à des maîtres fort exigeants et très pressés, qui n'hési-
tèrent pas longtemps à proclamer très haut que le Gouverneur de leur choix ne répondait pas du tout à leur
attente, et qu'il mettait trop de temps et trop de circonspection à accomplir tant de réformes qu'il avait pro-
mises et trop de lenteur à congédier tant de fonctionnaires qui lui avaient été dénoncés. On voulait bien
accepter, sans beaucoup de reconnaissance, les concessions
déjà faites, mais on en réclamait d'autres avec une aigreur
toujours croissante.

Au bout de peu de temps, les journaux de l'Algérie et
les représentants de notre colonie au Sénat, mais surtout
à la Chambre des députés, entraient en lutte ouverte
contre le nouveau Gouverneur général. C'était la même
campagne dirigée presque par les mêmes personnes,
menée avec la même âpreté, en des termes identiques,
peut-être plus violents, que celles naguère successive-
ment entreprises contre l'amiral de Gueydon, et contre
le général Chanzy; le succès aussi devait être le même.

Il me répugnerait, et il serait d'ailleurs assez inutile,
de rechercher aujourd'hui quelle était la valeur des griefs
évoqués, de quel côté furent les torts principaux et sur
qui doit retomber, plus ou moins directement, la responsabilité des troubles qui ont récemment éclaté dans le
sud-ouest de notre colonie. Troubles fâcheux, dont les

conséquences durent encore et menacent peut-être de se prolonger longtemps. Ceux-là ne sauraient toutefois la décliner entièrement, qui, par leurs démarches personnelles en Algérie et, plus tard, à la tribune française, ont, avec tant d'obstination, demandé à M. Albert Grévy, qui a eu tort de l'accorder, la mise en liberté des conspirateurs fanatiques de Sidi Okba, tandis qu'avec la même étourderie d'autres provoquaient dans les provinces de Constantine et d'Oran l'arrestation de chefs indigènes, vieux amis de la France, dont il fallait plus tard reconnaître l'innocence.

Il ne serait pas moins injuste d'exempter de tout blâme les conseillers, quels qu'ils soient, qui ont fait abandonner au printemps de 1881 le projet d'expédition militaire dans le sud oranais, où notre drapeau n'avait guère paru depuis trois ou quatre ans, expédition que les généraux Osmont et Cérez regardaient alors comme nécessaire, et qui, entreprise à temps, poussée avec l'énergie dont ces braves officiers étaient capables, avec leur parfaite connaissance des lieux, du caractère et des mœurs des tribus nomades qui l'habitaient, aurait probablement suffi à maintenir la tranquillité dans ces parages, et à rendre par avance impossibles les excursions d'un aventurier comme Bou Amema, plus faciles (nous nous en apercevons maintenant) à prévenir qu'à réprimer.

Mais à quoi bon récriminer ? Il vaut mieux se préoccuper de l'avenir. C'est l'unité de direction qui a manqué dans ces affaires de l'Algérie.

La responsabilité y a été à ce point partagée, qu'en réalité elle ne reposait nulle part ni sur aucune tête. Notre colonie a été administrée tantôt de Paris, tantôt à Alger même; un peu, très peu, de loin en loin, pour la forme seulement et dans des cas assez rares, par le ministre de l'intérieur, quand il lui arrivait de se rappeler que, en définitive, c'était lui qui était responsable. Quoique toute nominale, cette responsabilité lui semblait apparemment trop lourde encore à porter, puisque au cours de l'été passé il a jugé convenable, après avoir pris l'avis d'une commission extra-parlementaire, où siégeaient toutefois les sénateurs et les députés de l'Algérie, de la répartir à dose fractionnée entre ses collègues, chacun d'eux prenant sous sa direction personnelle les affaires algériennes qui concernaient le département ministériel dont il était chargé. C'est ce qu'on a appelé la question des rattachements.

D'après ce système, repoussé par les trois conseils généraux et par tous les corps élus de l'Algérie, qui est très impopulaire chez nos colons, qui entraînera de longs délais pour des affaires déjà si lentes à se conclure, et causera, je le crains, au Gouvernement d'inextricables embarras, le Gouverneur général, au lieu de relever désormais d'un seul ministre fictivement responsable, se trouve relever de huit ou dix ministres dont la responsabilité est également fictive. — Ce n'est pas tout. Au lendemain du jour, je me trompe, le jour même où apparaissaient ces décrets (6 septembre 1881), d'autres décrets signés par chacun des chefs de nos divers départements ministériels rendaient par délégation, au Gouverneur général, ces mêmes pouvoirs que tout à l'heure ils semblaient lui avoir enlevés. Pourquoi ce va-et-vient de la responsabilité réduite en fragments parcellaires et se promenant, comme les dossiers d'affaires, d'Alger à Paris, pour retourner ensuite de Paris à Alger. A ce compte, la solution des moindres affaires court risque de demeurer indéfiniment suspendue, et quant à la responsabilité ministérielle elle m'a tout l'air de devoir rester à mi-chemin, c'est-à-dire au fond même de la Méditerranée, où personne ne semble pressé de l'aller repêcher.

Aux décrets sur les rattachements a bientôt succédé une autre mesure, celle-là émanant du cabinet actuel, et qui me paraît mettre le comble à la confusion. Le nouveau Gouverneur général qui succède à M. Albert Grévy n'hérite pas de la totalité des attributions de son prédécesseur. M. Tirman n'a plus sous ses ordres le 19ᵉ corps d'armée. C'est lui qui administre seul tout le Tell ; mais c'est le chef du 19ᵉ corps d'armée, le général Saussier, qui commande dans toute l'étendue du territoire militaire. A la division des responsabilités dont je me plaignais tout à l'heure, le nouveau décret a ajouté la dualité du pouvoir. Son apparition a été signalée par beaucoup de journaux en France, et avec beaucoup de mauvaise humeur par la plupart des journaux de l'Algérie, comme le rétablissement déguisé du pouvoir militaire. Quelle a été au juste la pensée du président du Conseil des ministres ? Je ne la démêle pas très bien, mais je ne crois pas que telle ait été son intention, car il semble résulter du texte de ce même décret et des commentaires qui lui ont été donnés, que les commandants militaires, si non le chef du 19ᵉ corps d'armée, doivent toujours s'entendre avec le Gouverneur général civil. Fort bien! Mais alors d'où partira la direction? A qui reviendra le droit de prononcer le dernier mot et de prendre, le cas échéant, les grandes déterminations engageant les destinées de notre colonie tout entière, parce qu'elles sont de nature à préserver ou bien à compromettre tous les intérêts, aussi bien ceux des habitants européens du Tell que ceux des tribus nomades restées fidèles à notre cause. Le nombre de ces tribus, il est vrai, est assez restreint, mais leur amitié nous doit être, à cause de leur importance, d'autant plus précieuse. A supposer qu'il soit question d'entreprendre un jour, n'importe sur quel point de ce territoire maintenant si étendu, depuis qu'il confine à la Tripolitaine, une expédition militaire de la nature de celle si malencontreusement décommandée au printemps de 1880, qui décidera de son opportunité? Sera-ce M. Tirman ou le général Saussier? Il est évident que ce n'est pas pour le plaisir de faire preuve de la supériorité de nos armes, pour la vaine gloire de battre un aventurier arabe comme Bou Amena, ou pour le maigre profit de razzier quelques moutons, qu'après tant d'années d'une occupation qui n'est plus aujourd'hui sérieusement contestée, il nous faut, à notre corps défendant, envoyer à des intervalles plus ou moins rapprochés, des colonnes chargées de promener au loin notre glorieux drapeau parmi des peuplades dont les dispositions sont douteuses, expéditions qui ne sauraient jamais se faire sans de grands frais et parfois sans quelque péril.

Mais s'il y a nécessité de recourir en certaines occasions à l'emploi de la force pour asseoir notre domination en Algérie, ces circonstances, après tout, ne sont pas fréquentes; et naguère nous nous étions presque flattés, bien à tort, d'en avoir fini avec elles. Ce qui au contraire ne saurait jamais cesser de nous préoccuper; ce qui, dans les circonstances actuelles de l'Europe, doit devenir pour nous l'objet d'une incessante et très vive attention, ce sont les soins à donner à nos relations avec les puissances limitrophes de nos possessions africaines. A l'heure où ces lignes sont écrites, la tâche qui incombe à un gouverneur général de l'Algérie serait, si je ne me trompe et si je la comprends bien, presque autant celle d'un diplomate que d'un militaire; et plaise au ciel que ce soit le diplomate qui ait le plus à faire ! Pas plus du côté du Maroc que du côté de la Tunisie, — je me trompe, il faut dire maintenant de la Tripolitaine, — nous n'avons de frontières bien fixées et reconnues de part et d'autre. A l'ouest, la limite n'est tracée sur le terrain que jusqu'à 60 ou 80 kilomètres du rivage de la mer. A partir de ce point, on a procédé autrement. Par un traité sur l'interprétation détaillée duquel on n'est pas encore tout à fait tombé d'accord, on est convenu que telle tribu relevait de la France, et telle autre de l'empereur du Maroc. Mais ces tribus sont toujours errantes. Elles sont le plus souvent en guerre entre elles, parce qu'elles se disputent certaines portions du territoire, objets de leurs communes convoitises. De plus, elles se considèrent, au fond, comme indépendantes et ne reconnaissent pas plus la souveraineté de l'empereur du Maroc que la nôtre; suivant les caprices du moment, sous l'impulsion de chefs qui trafiquent presque ouvertement de leur soumission, et le plus souvent afin de se dérober au payement de l'impôt, qui est dans ces contrées le gage de la sujétion, elles passent incessamment d'une domination à l'autre sans en reconnaître aucune. La confusion est inextricable dans le sud oranais, et plus que jamais nos généraux qui opèrent aujourd'hui en ces parages sentent, à leur grand ennui, leur action militaire à peu près paralysée par ce déplorable état des choses. C'est le même, précisément le même, qui va se produire, à l'autre extrémité de l'Algérie, sur les confins, entre la Tunisie et la Tripolitaine. Là aussi se rencontrent des tribus errantes et pillardes qui trouvent profit à se réclamer tantôt d'une nationalité tantôt d'une autre. Pour nous, quelle source de complications! Car, on le sait, entre puissances voisines ces questions de délimitation de territoires sont les plus délicates à trancher. Qu'on ne se rassure pas trop à la pensée que le bey de Tripoli et l'empereur du Maroc sont pour la France des voisins peu redoutables. Oui, sans doute, le bey est un prince assez faible, qui relève d'une autre puissance, la Porte, faible elle-même si l'on veut, mais ayant derrière elle, justement à cause de cette faiblesse, des protecteurs très puissants et très attentifs à la soutenir. L'empereur du Maroc ne serait pas non plus un personnage très à craindre si nous étions assurés, en cas de collision, de n'avoir jamais à faire qu'à son armée; mais derrière lui il n'est que prudent d'entrevoir l'Espagne et dans le lointain l'Angleterre elle-même.

Si je suis bien informé, l'expédition de Tunisie, dont la Sublime Porte était prévenue à l'avance, avec tout le reste de l'Europe, et qu'elle savait devoir s'exécuter le jour où quelque détenteur du pouvoir en France aurait besoin d'y recourir comme à un engin de gouvernement propre à agir sur les imaginations populaires, a excité à Constantinople une irritation profonde. Justement parce qu'il est résigné, quoique avec tristesse, à se laisser dépouiller sans trop de résistance de cette portion de ses provinces européennes dont le gouvernement lui devenait chaque année plus difficile, le Sultan est d'autant plus résolu à défendre obstinément et à relever plutôt, s'il le peut, sa puissance en Asie, en Afrique, dans toutes les régions où domine la race arabe. Je ne sais si un gouverneur général de l'Algérie et les généraux qui commandent nos expéditions militaires sur les confins de la Tripolitaine et du Maroc en sont avertis; mais il serait bon qu'ils fussent informés qu'ils ont affaire à d'autres ennemis qu'à ceux qu'ils ont devant eux, ou, pour mieux dire, qu'ils pourchassent assez péniblement à travers les plaines brûlantes de la Tunisie ou du sud oranais. Une ligue arabe a été constituée à Constantinople avec des Cheiks et des Ulemas, qui, sous les yeux et sous la direction du Sultan, sont en relations suivies non pas seulement avec l'Égypte, avec la Syrie, mais avec les tribus nomades de la Tripolitaine, de la Tunisie et du Maroc. Elle a un chef, un journal musulman autrement dangereux et répandu que le *Moshatel* de défunte mémoire, des émissaires et un trésor. Elle fonctionne en prenant les ordres du Sultan qui ne lui marchande pas les subsides. Notre consul à Tripoli, s'il est mieux renseigné que ne paraissent l'être, au dire du journal le *Temps*, « les agents que le Gouvernement s'obstine à choisir parmi les hommes « les plus ignorants des choses algériennes », devrait être à même de faire savoir à nos commandants militaires que cette ligue correspond régulièrement avec tous les chefs des insurgés qu'ils sont en train de poursuivre; qu'elle reçoit communication de leurs projets et qu'elle leur dicte les siens, ayant soin de leur faire savoir qu'il leur vaudrait mieux, quant à présent, pendant ces temps de froid et de pluie, faire retraite sur Tripoli, où ils recevront, d'après de récentes instructions, un salaire dont le taux est fixé d'avance pour chaque cavalier embrigadé dans leur troupe et plus élevé pour les chefs insurgés de quelque importance, le tout pris, bien entendu, ce qu'on tient à ne pas leur laisser ignorer, sur les subventions du Sultan. De Constantinople, notre ambassadeur a probablement fait prévenir, à l'heure qu'il est, le Gouverneur général de l'Algérie que, afin de nous susciter de nouveaux embarras de la part de l'empereur du Maroc, il est question d'y envoyer une ambassade pompeuse avec de riches présents.

Ainsi donc, à quelque point de vue qu'on se place, administration intérieure, expéditions militaires, négociations diplomatiques, tout se tient en Algérie, et je crois que je n'avais pas tout à fait tort lorsque, dans les dernières séances du Sénat, je suppliais le président du Conseil d'arrêter son choix sur quelque personnage capable par sa haute situation, par ses facultés propres et par quelque expérience personnelle, de concentrer en ses mains des pouvoirs si étendus et de donner l'unité de direction à des efforts ayant pour but de donner satisfaction à des intérêts si importants et si divers.

Ce personnage sera-t-il un militaire ou un civil? J'avoue

que cela m'importe peu. Les étiquettes me sont indiffé-
rentes. Si c'est un militaire, il est à désirer qu'il soit un
habile administrateur. Cela peut se rencontrer, cela s'est
rencontré; cela se rencontrerait encore dans l'armée français e. Si c'est un civil, je tiendrais à ce qu'il eût, par des
services rendus avec un certain éclat, le prestige indispensable aux yeux des Arabes et propre à lui assurer la
déférence des généraux placés sous ses ordres. M. de Les-
seps, par exemple, si on avait eu l'idée heureuse, à mon
sens, de lui offrir le gouvernement de l'Algérie, ce à quoi
je m'étonne qu'on n'ait jamais pensé, aurait parfaitement
rempli ces conditions. Mais, je le répète, le titre de la
fonction importe assez peu. Je voudrais espérer que le
nouveau ministère aura le bon sens de n'attacher qu'une
médiocre attention aux violentes diatribes soulevées
à ce sujet dans notre pays, qui a le malheur, déjà bien
ancien, de se passionner plus volontiers pour les mots que
pour le fond des choses; comme si dans la circonstance
présente on ne pouvait pas tout aussi bien concevoir (je
parle par hypothèse) un gouverneur militaire donnant
une entière satisfaction aux aspirations civiles, et, par
contre, un fonctionnaire civil qui considérerait toutes
choses au seul point de vue militaire. Ces controverses,
qui tiennent tant de place dans les feuilles publiques de
l'Algérie, parce que, de bonne foi, elles y attachent des conséquences dont elles auraient raison de s'émouvoir, si elles
en ressortaient fatalement, sont oiseuses et de pure fantaisie. Au lieu d'y prêter l'oreille, il serait à désirer que
ceux de qui dépendent présentement les destinées de
notre belle colonie africaine voulussent bien prendre la

peine d'écouter d'autres voix moins bruyantes, mais plus autorisées, je veux dire, celles des braves gens qui résident en Algérie, qui n'ont jamais de leur vie écrit une ligne dans les journaux, et qui peut-être ne les lisent guère, parce qu'ils ont mieux à faire. Voilà la vraie population algérienne, celle qui n'apparaît guère aux regards inattentifs, qui existe cependant et qu'il faut presque aller chercher, parce qu'elle est comme cachée par une autre population plus agitée et plus remuante ; c'est elle pourtant qui est digne de la sollicitude d'un gouvernement vraiment soucieux des grands intérêts de notre pays, car c'est d'elle, et d'elle seule, que peut venir un jour le succès de notre grande entreprise coloniale. Oui, voilà ceux dont il est temps d'écouter les doléances. De la politique et des diatribes du jour, ces honnêtes colons et ces laborieux travailleurs se soucient assez peu ; mais d'un bout à l'autre de l'Algérie un cri de détresse s'échappe de leur poitrine, adressé aux détenteurs actuels du pouvoir et peut se résumer en ces mots : « Gouvernez-nous militairement si vous voulez, civilement si vous le préférez, mais, de grâce, pour votre honneur et pour notre salut, gouvernez-nous ; car, depuis nombre d'années, l'Algérie n'est pas gouvernée. »

Finances.

Je m'aventure ici sur un terrain que je reconnais m'être assez étranger; j'y pénètre toutefois sans trop de crainte, parce que je crois m'appuyer sur des guides excellents. Il est impossible de ne pas sentir la conviction vous gagner et la vérité se faire jour dans votre esprit, si peu versé qu'on soit dans ces matières, quand on voit, à peu de temps de distance, des hommes de la valeur de M. Bocher et de M. Léon Say tomber d'accord, à bien peu de choses près, et apprécier de la même manière l'état actuel de nos finances. Leurs conclusions prises dans leur ensemble sont en effet les mêmes.

C'est à propos de la discussion du budget de 1882, au Sénat, que M. Bocher a pris la parole dans la séance du 23 juillet 1881 [1]. Tous ceux qui l'ont entendu ont admiré la clarté merveilleuse de son exposition, la valeur et la précision des critiques dirigées contre la manière dont les réalités de la situation budgétaire étaient à peu près dissimulées par le ministre et vaguement indiquées dans le rapport de la commission sénatoriale. La réponse de l'honorable M. Magnin fut jugée plus ingénieuse que péremptoire. Des doutes subsistaient peut-être encore dans certains esprits sur l'importance qu'il fallait attacher aux dangers

1. Voir le *Journal officiel* du 24 juillet 1881.

signalés par l'habile contradicteur du ministre. Aujour-
d'hui ces doutes sont levés après l'apparition d'une importante étude sur le *rachat des chemins de fer de l'État*, que
M. Léon Say, président du Sénat et ancien ministre des
finances, vient de publier à la date du 15 décembre 1881
dans le *Journal des Économistes*. Quand de pareils
esprits sont d'accord en des matières que tous deux connaissent si bien, mais qu'ils sont disposés peut-être à
envisager à des points de vue un peu différents, parce qu'en
politique leur ligne de conduite n'est pas exactement la
même, on peut se tenir pour assuré de ne point faire fausse
route en s'en rapportant à leurs jugements. C'est à les
reproduire presque identiquement et à constater sur
quelles questions ils sont à peu près arrivés aux mêmes
conclusions que je vais borner tous mes efforts.

Cette fois encore, comme je l'ai déjà fait pour les autres
parties de ce travail, il est essentiel de fixer d'abord les
points de départ.

Avant ces dernières années, tout concourait à assurer
à la France des budgets réguliers et des finances pros-
pères.

Les maux de la guerre, les ruines qu'elle avait causées,
étaient en partie réparés; des ressources certaines ga-
rantissaient les intérêts et l'amortissement des emprunts;
toutes les obligations de l'État, des départements, des
communes s'acquittaient exactement, et grâce aux progrès
de la richesse publique, le rendement sans cesse croissant
des contributions rendait facile l'exécution du plan finan-

cler si sagement conçu par le gouvernement de M. Thiers et par l'Assemblée nationale, et si courageusement accepté par le pays.

Ce plan était bien simple. Il consistait à maintenir strictement, dans les circonstances les plus difficiles et au prix des plus lourds sacrifices, la règle essentielle en matière budgétaire; établir un équilibre réel et stable; prévoir largement toutes les dépenses nécessaires, afin d'éviter la nécessité des crédits supplémentaires; pourvoir aux besoins du budget ordinaire uniquement avec les voies et moyens de ce budget, c'est-à-dire avec le produit de l'impôt, et enfin ne recourir aux ressources extraordinaires, c'est-à-dire à l'emprunt, que pour les dépenses exceptionnelles et temporaires.

Dès 1875, les embarras avaient cessé, l'abondance succédait à la gêne; les ressources ordinaires du budget dépassaient les besoins, et elles allaient bientôt s'accroître des 150 millions qui deviendraient disponibles, après le remboursement des 1,500 millions dus à la Banque; les comptes d'exercices se soldaient en excédent — l'exercice de 1875 par 80 millions, — celui de 1876 par 98 millions, — celui de 1877 pas 64 millions.

Que conseillait alors la sagesse? Évidemment de ne pas abandonner un système qui avait donné de pareils résultats. Appliquer les excédents des derniers exercices à réduire les découverts du trésor, qu'avaient augmentés les déficits des exercices antérieurs, et employer les plus values constantes de l'impôt, à accroître la dotation des divers services publics; puis, quand celle-ci serait suffisante, soit à dégrever les plus lourdes taxes, soit à pressor l'exécution des grands travaux publics, entrepris à l'aide d'emprunts qui auraient trouvé leur gage dans les ressources du budget ordinaire.

On n'a pas eu cette patience ni cette prudence. Le rachat des chemins de fer secondaires, les grands projets de M. de Freycinet, la création du 3 0/0 amortissable bouleversèrent tout le système financier. La politique électorale succédait à la politique financière froidement conçue et prudemment mise en pratique.

Personne n'ignore quelles ont été les conséquences; elles viennent d'être signalées par leur principal auteur, M. Léon Say, tout surpris des effets de ses propres mesures, et ne comprenant pas ce que devaient nécessairement produire les besoins, les appétits sans mesure, servis, sollicités par des ressources sans limites.

Il s'agissait d'abord de quatre milliards seulement de travaux extraordinaires. Dès 1881, on parlait de six milliards. Aujourd'hui, les dépenses engagées, les promesses faites, sans compter les exigences nouvelles inévitables, n'atteindront-elles pas huit à dix milliards?

On est déjà bien loin du premier réseau de chemins de fer proposé par M. de Freycinet. La surface du territoire se couvre de lignes étudiées, commencées, achevées par l'État, mais dont on ignore encore par qui et comment elles seront exploitées. Aux projets primitifs de ports, de canaux, de phares, s'ajoutent tous les jours, sous la pression des intérêts locaux et des influences parlementaires, d'autres projets et de nouvelles demandes.

En même temps qu'on engageait tant d'entreprises à la fois, on procédait par les mêmes calculs, sous l'empire des mêmes préoccupations; aux plus larges dégrèvements d'impôts. On augmentait les charges du budget et l'on diminuait ses ressources. Quels sont les résultats de ce système financier inauguré en 1878? C'est encore l'honorable M. Léon Say qui les fait connaître et les juge. Pour ne parler que des faits accomplis dans la période des cinq dernières années, il a été emprunté, en obligations à court terme, près d'un milliard; en 3 0/0 amortissable (emprunts de 1878 et de 1881), un milliard quatre cent quarante millions; à la Banque, quatre-vingts millions.

Pour solder les dépenses du budget extraordinaire de l'exercice 1881 et de l'exercice 1882, qui s'élèvent ensemble à un milliard quatre cents millions, il faudra de nouveau recourir, pour pareille somme, à l'emprunt, la demander plus ou moins prochainement, et, pour une partie, sans doute avant 1883, au 3 0/0 amortissable, dont M. Say reconnaît que le dernier milliard émis « n'est pas encore classé, c'est-à-dire n'est pas arrivé entre les mains des porteurs définitifs », et n'est soutenu, en attendant, que par la spéculation, à l'aide de reports, dont le taux excessif prouve l'étendue du déclassement et la rareté des placements absorbés par l'épargne.

En résumé, quatre milliards environ sont empruntés ou à emprunter; rien que pour les dépenses présentement engagées, la dette publique (3 0/0 amortissable) est déjà augmentée de soixante-deux millions, et devra bientôt s'accroître de pareille somme. Et cela, quand les projets de M. de Freycinet n'ont reçu qu'un commencement d'exécution! D'où cette conclusion, assez inattendue, de M. Léon Say: « Le premier acte du Gouvernement dans ces circonstances doit être de fermer le compte des grands travaux et de suspendre pour plusieurs années les émissions de rente amortissables. » Mais comment suspendre ces travaux promis, commencés et plus ou moins avancés? Comment suspendre l'émission du 3 0/0 amortissable, quand bientôt il faudra pourvoir au payement de près de 1,200,000 francs de dépenses extraordinaires autorisées?

Quant à la situation budgétaire, la voici exactement résumée en peu de mots : Pour créer ou faire paraître des excédents qui permissent de réaliser avant les élections les dégrèvements d'impôts qu'attendait le pays, on a faussé sciemment, volontairement, l'équilibre des budgets. On a, au mépris de toutes les règles, de toutes les traditions financières, complété, d'une part, les recettes ordinaires de l'exercice par des prélèvements sur les ressources libres des exercices passés, et, d'autre part, on a imputé une partie des dépenses ordinaires sur les crédits du budget extraordinaire alimenté par l'emprunt.

Le budget de 1881, grâce à ce double expédient, avait été voté en équilibre, et on pouvait espérer que les plus values des recettes réalisées depuis le commencement de l'année et s'élevant à environ 200 millions, produiraient en fin d'exercice un excédent considérable qui serait employé à diminuer d'autant les anciens découverts. Mais voici que la somme des crédits supplémentaires et extraordinaires, nécessités en partie par l'expédition de Tunisie, égalera, si elle ne la dépasse, celle des plus values, et que l'excédent va devenir peut-être un déficit.

Le budget de 1882 n'avait, comme celui de 1881, aligné

ses recettes et ses dépenses ordinaires qu'en empruntant plus de 100 millions aux excédents des exercices antérieurs et aux ressources du budget extraordinaire. Son équilibre ainsi établi est déjà rompu : les Chambres, avant de se séparer, ont voté, pour subvenir aux frais de l'expédition Tunisienne, dans le mois de janvier seulement, et pour d'autres dépenses urgentes, des crédits supplémentaires qui, d'avance, même avant l'ouverture de l'exercice, ont constitué le budget actuel en déficit.

Que sera le projet de budget de 1883 ? L'honorable M. Allain-Targé nous l'apprendra bientôt. Grâce à l'accroissement incessant des revenus publics, le nouveau ministre des finances sera plus riche encore que ses prédécesseurs ; il disposera de ressources plus abondantes, mais il aura à satisfaire à plus de besoins, sans compter ceux que ses collègues et lui ont [peut-être un peu inutilement créés. Toutefois, si, comme l'annoncent certains journaux qui passent pour être dans sa confidence, M. Allain-Targé est décidé et réussit à abandonner les errements suivis dans ces dernières années, s'il sait se conformer, dans la future loi de finances, aux règles si bien posées, mais si mal appliquées par l'honorable M. Magnin, c'est-à-dire, en proposant un budget qui établisse son équilibre, « avec ses propres ressources, sans rien prélever sur le fonds d'emprunt ni sur les excédents des autres exercices » ; si, s'inspirant des larges vues de l'homme d'État et non des étroits calculs du politicien, il ne craint pas de prévoir toutes les dépenses nécessaires et demander au pays la continuation des sacrifices indispensables, il aura bien agi dans le présent, et, pour l'avenir, il aura mérité d'obtenir, de ceux qui lui succéderont au pouvoir, une récompense non moins haute que celle accordée à son heureux prédécesseur. C'est une hypothèse que nous serions heureux de voir se réaliser sans l'espérer beaucoup. En tout cas, ce n'est pas nous qui lui reprocherions cette bonne fortune.

Politique intérieure.

Il ne faudrait pas toutefois se faire illusion ; tous les moyens que nous avons tâché d'indiquer ne suffisent pas, même réunis, pour mettre une nation à même de faire bonne figure en Europe, pour lui permettre de défier les hasards et de traverser les mauvais jours, s'ils s'en présentaient.

Non, il y faut autre chose. Un pays dont les habitants sont divisés entre eux n'a pas seulement triste renom dans le monde ; il risque de se trouver comme paralysé, le cas échéant, dans sa défense contre les attaques qui lui viendraient du dehors.

L'union devant l'ennemi restera toujours, pour un peuple, la première condition du salut. Toute politique ayant pour effet de semer la discorde entre les différentes classes de la société, d'y entretenir la jalousie et les rivalités d'intérêt, n'est pas seulement une politique détestable, elle constitue ce que j'appellerai le plus grand des crimes, celui de lèse-nation, et ce crime, il n'est pas

impossible, étant donné [ce que sont, de nos jours, les
emportements insensés de l'esprit de parti, qu'il ne soit
commis, presque inconsciemment, par des gens qui en
auraient horreur s'ils étaient de sang-froid. Exploiter
l'envie et toutes les basses passions au profit des opi-
nions qu'on professe ou du groupe auquel on appartient,
c'est une tentation à laquelle l'expérience nous apprend
que les factions n'ont jamais su résister chez nous. C'est
bien là notre vieux défaut de race, devenu presque héréditaire.

La guerre, entreprise en 89 par la bourgeoisie contre
l'aristocratie, n'a pas tardé à être reprise contre elle par
la démocratie. Aujourd'hui le triomphe de la démocratie
entendue dans son sens le plus large et pratiquée sans
nulle restriction est assuré. Aucune fraction, tant soit peu
importante du pays, ne songe à contester sa victoire définitive; et d'ailleurs qui le pourrait? Le suffrage universel
est plus radicalement appliqué en France que chez aucun
autre peuple. En France, tout le monde n'est-il pas en
passe d'arriver à tout? Le pouvoir n'a-t-il pas été mis à la
portée du moindre des citoyens, à la seule condition d'en
être digne? Rien, absolument rien dans nos lois n'empêche
un simple ouvrier, un poseur de rails, comme l'était l'honorable Abraham Lincoln, ou un ancien conducteur de bateau,
comme le très regretté M. Garfield, de devenir, à l'heure
qu'il est, président de notre République. On a dès lors le
droit de se demander à quoi peuvent bien tendre les
déclamations qui annonceraient, avec fracas, l'avènement
des « nouvelles couches sociales ».

Eh! mon Dieu, elles sont tout advenues, et depuis

longtemps déjà! Faudrait-il entendre par ces paroles que le moment est arrivé de reconstituer de nouveau, mais à rebours, les anciens privilèges et de rétablir la prépondérance d'une seule classe sur toutes les autres. Mais c'est la négation effrontée des principes de 89; c'est anéantir d'un seul coup tout le travail d'un siècle presque entier, et tous les efforts de nos pères seraient perdus. Qu'on nous ramène alors aux carrières!

Si, au contraire, la pensée de M. Gambetta a été mal saisie; si les expressions dont il s'est servi ont seulement voulu dire que, à son avis, il était temps de s'occuper plus qu'on ne l'avait peut-être fait par le passé du sort matériel des classes les plus nombreuses et les moins favorisées dans la dispensation des biens de ce monde; s'il se bornait à penser qu'il est juste, équitable et d'une bonne politique de les mettre à même, par des mesures dont les termes resteraient à débattre, de prendre part à l'élaboration des mesures qui les concernent et de leur attribuer ainsi un rôle qui leur soit propre dans le règlement de leur destinée, ce n'est pas de moi que viendraient les objections. Je n'hésite pas à reconnaître que la bourgeoisie française, quand elle est devenue à peu près dominante, n'a pas complètement évité de tomber dans les mêmes fautes et les mêmes travers qu'elle n'avait pas, sans raison, reproché à la noblesse. A son tour, elle s'est montrée assez inconséquente, un peu légère, et j'ajouterai imprudente, quand elle a négligé, par un oubli nullement intentionnel, j'en suis persuadé, mais répréhensible à coup sûr, de s'occuper, dans un esprit de conciliation, de certaines questions si

fortement prises à cœur par ceux qui viennent immédia-
tement après elle dans la hiérarchie sociale.

Ne s'agirait-il uniquement que de réparer cet oubli ?
Alors, les paroles que j'ai rappelées et qui avaient
assez justement effrayé cesseraient d'être menaçantes.
Elles n'en resteraient pas moins fâcheuses, à cause
des excitations que leur sens équivoque ne pouvait
manquer de provoquer. Quelle interprétation leur a été
aussitôt donnée par une grande partie de ceux auxquels
elles ont été dans le temps adressées ? C'est ce dont a pu
s'apercevoir le candidat du vingtième arrondissement de
Paris, devenu aujourd'hui le président du Conseil des
ministres, quand il s'est trouvé naguère face à face avec
ses électeurs. La journée a été chaude pour M. Gambetta.
Puisse-t-il en avoir emporté l'impression, qu'il n'est
jamais bon de jeter en pâture aux masses populaires
des harangues enflammées, parce que leurs passions
une fois excitées sont promptes à se retourner contre
celui-là même qui a commis la faute de leur lâcher la
bride.

Pour tout observateur qui jette un regard de sang-
froid sur l'état d'esprit des classes inférieures en France,
non seulement dans nos grandes villes, mais aussi dans
toutes les agglomérations urbaines tant soit peu consi-
dérables] où les ouvriers sont en majorité, il est évident
que la fermentation des instincts révolutionnaires va
toujours croissante. L'amnistie partielle, bientôt suivie
de l'amnistie générale, emportée par l'éloquence de l'ancien président du Corps législatif contre le sentiment
intime de beaucoup de ses amis, a donné une nouvelle

impulsion aux appétits des démagogues, en rappelant en France leurs véritables chefs, les constants instigateurs, dans le passé, de nos plus redoutables agitations populaires.

Il y a là un fait patent qui ne fait doute que pour les esprits superficiels, pour les personnes disposées à contester les funestes effets de cette mesure, parce qu'elles ont eu la faiblesse d'y applaudir, tout en le blâmant, ou bien encore pour celles infiniment nombreuses qu'épouvante la seule idée qu'elles pourraient bien avoir trop de raisons de prendre grand'peur un jour, et qui trouvent plus commode de nier le péril, s'imaginant que c'est le meilleur moyen de l'écarter. Cependant il est là qui frappe à notre porte, et tout le monde en a conscience.

Serait-on fondé à supposer qu'à l'exemple du grand chancelier d'Allemagne, dont les façons d'agir ne seraient pas sans quelque empire sur son esprit, et qui vient de se prendre d'une sollicitude bien inattendue pour les classes ouvrières de son pays, le chef actuel du cabinet français serait, comme lui, tenté de chercher parmi elles des auxiliaires complaisants contre les hommes d'opinion modérée. Outre que la manœuvre ne semble pas avoir profité à son inventeur, transportée en France elle y exciterait certainement, parmi les partisans des idées libérales, les mêmes défiances que de l'autre côté du Rhin. En effet, c'est rarement à bonne intention, c'est le plus souvent pour cacher des projets peu avouables, afin d'entamer sourdement les hostilités contre des contradicteurs devenus gênants, et presque invariablement avec la ferme intention d'en profiter pour fortifier leur pouvoir, que les gouvernements prennent sur eux d'aller au-devant de pareilles alliances, sentant bien qu'elles sont, au fond, contraires à la nature des choses et se réservant, en fin de compte, de les rompre brusquement le jour où elles ne leur seraient plus profitables.

A Berlin, il n'y a pas eu lieu de rompre, car l'alliance n'a pas été sérieusement contractée. Les avances du prince de Bismarck au parti socialiste allemand ont été formellement repoussées. A Paris, si le président du Conseil jugeait à propos, ce que je ne crois pas, d'en faire au parti socialiste français, elles auraient probablement le même sort, non pas seulement parce que le mot d'ordre donné par la ligue internationale est uniformément obéi partout, mais aussi parce que, à tort ou à raison (et Dieu veuille qu'ils se trompent!), nos socialistes mieux organisés, n'ayant pas à faire leurs premières armes sur un terrain qu'ils connaissent parfaitement, où déjà ils ont remporté les succès que chacun sait, sont plus confiants en eux-mêmes que ceux de l'Allemagne, et se tiennent pour assurés qu'en France, plus que partout ailleurs, leur triomphe sera prochain.

Comment donc peut-il se faire que mieux instruits que le public de ce qui se passe dans ces *repaires* où ils ne comptent certes pas beaucoup d'amis, les gouvernants de nos jours aient jugé opportun de prendre, coup sur coup, des mesures qui semblent calculées pour indisposer fortement contre eux, à l'autre extrémité de l'échelle, d'autres classes qui sont, pour eux, dans les temps de crises sociales, des auxiliaires naturellement désignés, les plus précieux de tous, et, à vrai dire, indispensables.

Quand on jetait aux quatre vents du ciel ces mots qui ont servi de consigne au parti républicain depuis tantôt quatre ans : « le Cléricalisme, c'est l'ennemi, » on voulait surtout, je l'entends bien, donner un mot d'ordre et pousser un cri de guerre et de ralliement, afin d'entraîner derrière soi, en ce temps de campagnes électorales, les plus gros bataillons possibles. Il n'en resterait pas moins que ces paroles n'étaient pas bonnes à faire retentir dans un pays qui a vu, il y a douze ans, assassiner sous ses yeux, à titre de cléricaux, non pas seulement un archevêque de Paris, un curé de la Madeleine, tant de moines et tant de prêtres, mais aussi un magistrat, qui était, si je ne me trompe, un gallican renforcé, nombre de braves soldats qui peut-être n'avaient jamais mis les pieds dans une église, sinon conduits aux jours solennels par leurs officiers, et un rédacteur du *Siècle*, M. Gustave Claudey, qui, à ma connaissance, n'avait certainement rien d'un clérical ni, je crois, même d'un catholique. Détestable déjà comme devise à mettre sur le drapeau, ou comme instrument de combat, entre les citoyens d'un même pays, cette qualification « d'ennemis » lancée à la tête de ses adversaires par un gouvernement ou par ses agents, est plus que déplacée, elle est odieuse. Un gouvernement sensé ne se reconnaît d'ennemis que parmi ceux qui violent de parti pris la Constitution ou les lois de l'État. Les temps sont, grâce à Dieu ! passés, où les volontés souvent changeantes de ceux qui détiennent le pouvoir avaient toute chance d'être exécutées sans mot dire, à la façon dont l'entendait ce général de l'Empire cité par Paul-Louis Courier, et qui disait : « Tout cela est fort simple ; la consigne, n'est-ce pas, est de ne point passer le fossé ? Naturellement celui qui passe le fossé est fusillé ; celui que l'on veut fusiller, eh bien ! on dit qu'il a passé le fossé. »

Il ne faut pas s'y tromper, il y a beaucoup de gens en France qui ne songent nullement à franchir le fossé, mais qui ne consentent pas à être fusillés sous le prétexte qu'ils auraient songé à le franchir. Il y en a aussi, en grand nombre, en très grand nombre, qui, rangés plutôt du côté de l'État, quand il ne fait que défendre froidement ses droits, comme c'est son devoir, ressentent pourtant la plus vive indignation lorsque, sous l'empire d'alarmes puériles, imaginaires, feintes peut-être, ils voient auprès d'eux des sentinelles effarées, tirer à tout hasard sur les personnes inoffensives qui s'approchent, peut-être par mégarde, du fossé, ou qui se proposent, comme c'est leur droit, de le cotoyer d'un peu près. Parce qu'ils ont le tempérament plus tranqu   et parce qu'ils ne perdent pas tout de suite la tê   les bagarres, ces hommes de sang-froid seront-ils aussi traités de cléricaux ? C'est bien possible ; mais l'étiquette commence à être terriblement usée. Elle a passé à l'état d'épouvantail parfaitement ridicule depuis qu'on l'a tant prodiguée en voulant en affubler des libres penseurs comme M. Vacherot et M. Jules Simon, et la clouer sur le cercueil de M. Littré.

De bonne foi, les fanatiques d'incrédulité veulent-ils savoir ce qui a transformé en cléricaux, pour employer leurs expressions, tant de gens qu'il est difficile de prendre pour des croyants, dont quelques-uns se demandent peut-être s'il est bien sûr qu'il y ait réellement une autre vie ?

C'est d'abord l'apparition fantaisiste de cet article 7 de la loi sur l'enseignement article que le Sénat a justement repoussé, parce qu'il lui a semblé constituer une première tentative d'oppression. Ce sont les décrets du 29 mars avec leur exécution tracassière et violente promenée inconsidérément sur tous les points du territoire; c'est enfin et en dernier lieu, comme un *crescendo* dans le parti pris de bravades dans lesquelles paraît se complaire le parti aujourd'hui triomphant, la nomination provocatrice de ce sectaire étrange qui pour inaugurer ses nouvelles fonctions de ministre des cultes, commence par proclamer que, à ses yeux, son unique mission consiste à en faire la police. La police des cultes (un terme malencontreux) se comprend remise aux mains d'un surveillant attentif et bienveillant, adhérent à un culte quelconque, ou, tout au moins, faisant profession d'un respect sincère pour des croyances et des pratiques religieuses que lui même ne partagerait pas. Mais, confier cette surveillance au contempteur avéré de toute croyance et de toute pratique religieuse, voire même des doctrines spiritualistes, il y a là quelque chose qui sent la profanation des sentiments les plus respectables qui soient au monde, et qui devraient être particulièrement sacrés pour l'homme placé à la tête d'un tel ministère. N'est-ce pas, de sa part, une complète méconnaissance de son rôle que de le rabaisser ainsi? Sa conscience, n'aura-t-elle pas quelque peine à s'arranger d'une surveillance ainsi entendue? Si elle est exclusivement matérielle, que vaut-elle, et de quel droit et à quel titre oserait-il en assumer une autre?

Disons-le d'ailleurs hautement et à son honneur, l'opinion publique en France ne tarde jamais bien longtemps, de nos jours, à passer du côté des opprimés contre les oppresseurs. Ah! j'entends bien la réponse : « C'est le clergé qui a été persécuteur; c'est nous qui avons été les persécutés. Nous nous rappelons le passé; nous prenons nos précautions pour le présent et pour l'avenir. » Il y a beaucoup d'exagération dans ce langage. Voyons le passé : je l'ai connu. On fait probablement allusion au temps de la Restauration, alors que M. de Villèle étant président du Conseil, et M. de Corbière, ministre de l'intérieur. La congrégation, — c'était le mot dont on se servait pour désigner les jésuites, — était alors considérée comme toute-puissante.

Oui, il faut en convenir, les jésuites comptaient des partisans déclarés parmi les ministres de Charles X; ils avaient glissé de leurs affidés dans presque tous les ministères sans être toutefois positivement les maîtres dans aucun. M. de Villèle et M. de Corbière, en particulier, leur étaient notoirement contraires. Ils étaient plutôt gallicans à la façon des membres de nos anciens parlements d'avant 89. La citadelle des jésuites était à la cour dans l'entourage du roi, et dans le cénacle ecclésiastique que présidait le grand aumônier, le cardinal de Latil; son action ne laissait pas que de se faire sentir dans la direction de la police de Paris. De là partaient, cela est certain, des mots d'ordre qui rencontraient l'obéissance, et des recommandations qui posaient d'un grand poids sur les choix à faire pour les carrières publiques et sur les avancements à donner. Je me

souviens qu'à peine échappé du collège j'ai été le témoin
assez scandalisé de ces petits abus. Je reconnais que
dans la génération à laquelle j'appartenais et qui naissait
alors à la vie publique, si la majeure partie était sincère-
ment attachée aux convictions catholiques, il y en avait
d'autres à côté d'eux, en petit nombre (c'était trop encore),
qui en exagéraient les témoignages, ou même qui les
simulaient parce que cela pouvait profiter à leur carrière.
Ils se mettaient de la congrégation pour les mêmes
motifs qui portent, à l'heure où j'écris, des gens qui leur
ressemblent beaucoup plus qu'ils ne s'en doutent, à
entrer dans la Franc-Maçonnerie. De quelqu'un dont on
souhaitait la place, c'était assez la coutume de dire :
« C'est un impie; » exactement comme aujourd'hui
d'autres disent, pour le même motif : « C'est un clérical. »

A prendre les choses posément, la congrégation des
jésuites était une sorte de société de secours mutuels au
profit des gens se disant bien pensants, qui étaient membres de l'association et qui désiraient passer fonctionnaires
de l'État. Quant aux noirs desseins prêtés à l'ordre tout
entier, c'était une fantasmagorie menteuse inventée par
leurs adversaires, et qui ne reposait sur rien, sinon sur
les imprudents propos de quelques enfants perdus du
parti. Reprendre contre les jésuites du temps de la Restauration les griefs des *Provinciales*, ce que d'ailleurs on a
presque fait de nos jours, c'était déjà à cette époque
quelque chose d'aussi arriéré et d'aussi peu fondé que de
vouloir confondre aujourd'hui l'esprit qui régnait à l'établissement de la rue des Postes avant qu'il ne fût fermé,

avec celui des anciens jésuites de Saint-Acheul, il y a quelque soixante ans. Tout a marché depuis, même les bons Pères, peut-être à leur corps défendant au début, mais bientôt assez vite pour que leur rivale, en matière d'éducation, l'Université, en ait été inquiète. Ce sont eux qui sont présentement les novateurs. Les vieilles calomnies si souvent rabâchées ne sont donc plus de mise ; il faut y renoncer. Aussi bien pour les hommes de sens rassis ou seulement de bon goût, ces vieux plats de haine réchauffée n'ont jamais rien valu.

En fait de précautions à prendre contre le retour d'abus, toujours possibles, il est vrai, et contre les empiétements de la part du clergé qu'il est toujours sage de prévoir, quoique le temps présent ne les comporte guère, quoi de plus arriéré que le recours à ces vieilles armes émoussées qu'on aurait pu sans dommage laisser se rouiller dans les arsenaux de l'empire ! Contre des personnes qui évoquent les principes du droit commun, quoi de plus injuste et de plus malséant que de vouloir employer d'autres mesures que celles applicables aux délits commis contre le droit commun. Ne sont-elles pas suffisantes ? Après tout, les meilleures garanties contre l'usage abusif que le clergé pourrait être tenté de faire des libertés, dont il a raison de se réclamer, ne sont-elles pas dans l'usage de ces mêmes libertés qui n'ont pas été créés à leur unique profit, que leurs adversaires déclarés possèdent comme eux, à côté d'eux, et dont ils ont la faculté de se servir à leur tour pour contrôler et combattre, s'ils le veulent, ceux dont ils semblent redouter tant l'influence ? La lutte alors aura lieu à armes égales, dans des conditions conformes aux tendances de notre société moderne, et dès lors acceptable pour ceux qui ont gardé souci des éternels principes enseignés à leur jeunesse, professés pendant l'âge mûr et qui demeurent également chers à leur vieillesse : la tolérance universelle et la liberté pour tous.

Mais ces principes, que je ne saurais oublier, ne sont pas les seuls à invoquer. Pour ceux qu'ils ne toucheraient point, je tiens d'autres arguments en réserve, car je ne l'ai pas perdu de vue, c'est la préoccupation exclusive des intérêts permanents de notre pays qui a dicté toutes les considérations développées dans ce travail qui touche maintenant à son terme.

N'est-ce donc pas une condition essentielle de force pour un peuple de se sentir uni et compact devant l'ennemi? et quelle plus grande cause de faiblesse que les divisions intérieures des partis! Conçoit-on, au moment où ces lignes sont écrites, des hommes d'état dignes de ce nom, ayant vraiment à cœur les destinées de leur patrie, qui ne regarderaient pas à s'aliéner une partie très considérable des populations qu'ils sont appelés à gouverner? Tel est pourtant le spectacle que depuis bientôt deux ans nous avons sous les yeux. Est-ce à dire qu'il y aurait peu à compter, en cas de péril national, sur le dévouement de ceux dont on regarde si peu à blesser cruellement les sentiments les plus vivaces? Tout au contraire! Ils ont fait leurs preuves, et le passé répond glorieusement de ce qu'ils feraient encore dans l'avenir. Que M. Gambetta interroge l'un de ses collègues, encore peu connu, en tant que ministre, par le monde politique, renommé surtout pour la valeur pleine d'entrain avec laquelle il a conduit au feu, mêlés aux énergiques matelots de notre flotte, les non moins énergiques enfants de la Bretagne, et les bataillons des zouaves pontificaux? Qu'il lui demande ce qu'il pense du patriotisme de tant de braves gens qu'il avait naguère l'honneur de commander

En conscience, il est temps, il est grand temps de rompre avec des exclusions aussi déplorables. Elles ne profitent à personne. Elles compromettent l'avenir ; je ne parle pas de cet avenir à courte échéance qui est le lot habituel des cabinets français, je parle de l'avenir du pays lui-même. Encore quelques pas dans cette voie fatale et la ruine serait au bout.

Nulle autre nation, je crois, que la nôtre, et peu de gouvernements, ayant, derrière soi, le souvenir d'une crise aussi terrible que celle que nous avons récemment traversée, et, devant soi, la perspective de dangers non moins menaçants, seraient assez irréfléchis pour donner le pas, comme nous le faisons en ce moment, aux étroites préoccupations de partis, sur un intérêt de premier ordre, celui dont nous avons à nous occuper exclusivement, et tous ensemble, de ce qui regarde le salut commun.

Que doivent penser de nous en ce moment les peuples étrangers? Il en est qui ont donné au monde un autre spectacle. Je citais au début de cet écrit le sage recueillement de la Russie après la guerre de Crimée, et le volontaire effacement de l'Autriche après son désastre de Sadowa. S'il déplaisait à nos républicains de prêter l'oreille à des enseignements venant des plus grandes monarchies du continent, qu'ils prennent la peine de traverser en imagination l'Atlantique, qu'ils veuillent bien se rappeler comment a fini la guerre fratricide entre les États du Nord et du Sud des États-Unis et quelle y est aujourd'hui la disposition des esprits. Pour moi, à qui il n'en coûte point de rendre justice à des peuples qui ont choisi de préférence pour leur jeune patrie des institutions qu'à tort ou à raison je ne crois pas aussi facile, pour une vieille nation, d'implanter en Europe, je me suis senti pris d'une sympathique et respectueuse admiration pour la façon noble, courtoise, presque grandiose, à la tournure véritablement antique dont, au moment de la capitulation de Richmond, les chefs des deux armées ennemies ayant à négocier ensemble après l'évacuation de Richmond se sont réciproquement traités.

Certes, la lutte avait été opiniâtre. Cependant on sentait que malgré l'acharnement et pendant tout le cours de leurs longs et sanglants démêlés les deux partis avaient gardé l'un pour l'autre estime et respect. A lire les lettres du général Grant et du général Lee, à entendre les paroles qu'ils se sont adressées quand ils se sont rencontrés pour signer la paix, on dirait deux fiers et vaillants champions qui, sur le terrain même du combat et avant de le quitter, se saluent poliment de l'épée. Certes, la réconciliation n'a pas été immédiate et complète; cependant la tâche entreprise par Abraham Lincoln, et après lui par le dernier président M. Garfield, a toujours eu pour but de réconcilier entre eux les deux camps ennemis. Tous leurs concitoyens un peu sensés ont approuvé hautement cette conduite. Elle n'a pas tardé à porter ses fruits, et les membres de la délégation française qui sont allés, sur l'invitation du peuple américain, célébrer sur place le centenaire de la bataille d'Yorktown, sont en mesure d'affirmer les progrès constants de cette politique de conciliation et de paix.

Le jour où cette nation, un peu pleine d'elle-même, comme le sont volontiers les peuples dans leur jeunesse, qui a dans la grandeur de ses futures destinées une confiance presque illimitée, croirait avoir à repousser ce qu'elle considérait, à tort ou à raison, comme une atteinte portée à ses droits, ou à défendre ses intérêts nationaux (elle est en train d'en faire la preuve à propos du canal de Panama), on verrait à quel point l'union s'est rétablie entre d'anciens adversaires, et quelle force résulterait envers et contre tous de cette union si hautement recommandée au début par les plus sages et aujourd'hui si heureusement accomplie.

Parlerai-je maintenant, et pourquoi pas, des sentiments religieux des deux hommes d'État américains que je viens de nommer et dont la mémoire est aujourd'hui si populaire aux États-Unis?

Ce ne sont pas eux qui auraient jamais proclamé qu'une nation s'abaisse et qu'elle donne des signes de faiblesse et de décadence alors qu'elle se recommande pendant les temps d'épreuve à la protection divine! Telle n'était point apparemment la pensée d'Abraham Lincoln lorsque, pour réparer les échecs que les mauvaises chances de la guerre apportèrent d'abord à la cause du Nord, il invitait les ministres de tous les cultes à adresser leurs prières au ciel, ce qui dans la langue américaine s'appelle les jours d'humiliation. Quant à M. Garfield, on sait qu'il a parfois, suivant l'usage protestant, monté lui-même en chaire, et qu'il lui est arrivé (cela peut paraître étrange en France, mais cela ne l'est point du tout de l'autre côté de l'Atlantique), de prêcher sur quelque texte de la Bible ou de l'Évangile devant des auditeurs dont les convictions républicaines valaient, à coup sûr, pour leur solide fermeté, celles des électeurs de Belleville ou de tout autre arrondissement de Paris, voire même de toute autre ville de France.

Jamais les hommes d'État de l'Union n'ont imaginé qu'il fissent courir le moindre risque à leur pays en traitant avec infiniment d'égards les membres du clergé catholique. Ils ont cru, au contraire, se faire honneur quand ils accueillaient à bras ouverts des malheureux qui venaient chercher sur leur sol hospitalier un refuge assuré et des conditions de tolérance, de tranquillité et de paix qu'ils ne rencontraient plus dans leur propre patrie.

Je serais mal venu à demander jamais un si grand effort à M. Gambetta; mais peut-être ne m'en voudra-t-il pas trop si, en le détournant de prendre modèle sur Danton, dont la grande voix en impose trop à son collègue de la justice, je lui proposais de préférence les exemples de républicains éprouvés tels que Abraham Lincoln et Garfield. Le jour où il se déciderait à les imiter, je crois qu'il s'en trouverait bien, et nous aussi.

Je me flatte, est-ce à tort, qu'en produisant ce *Programme de gouvernement* je n'ai point fait acte de pure utopie. La preuve que j'ai gardé le sentiment de la réalité, c'est que c'est à M. Gambetta que j'ai l'air d'adresser toutes mes objurgations. Eh! mon Dieu, oui, il en est bien quelque chose. Tel est en effet le malheur des temps, pour un obstiné parlementaire, comme moi, que, si par hasard j'arrivais à persuader le public, cela ne me servirait trop de rien, tandis que si j'avais la bonne fortune d'agir sur les convictions de M. le président du Conseil, j'aurais ville gagnée. Ce mode de procéder me déplaît, et ma chance n'est pas grande; mais qu'y faire? Je me résigne. Après tout, les idées que je viens d'émettre peuvent être appliquées, quelle que soit la forme du gouvernement, monarchie ou république. A l'exception des fanatiques d'incrédulité, des hommes qui ont fait du genre humain leur patrie, une patrie si immense qu'ils y ont comme noyé le souvenir de celle qui les a vus naître, et qui a recueilli les os de leurs pères, à l'exception aussi des rêveurs et des songe-creux, ces idées peuvent être adoptées par tous les partis politiques qui se disputent aujourd'hui le pouvoir.

Est-ce à dire qu'entre ces partis je sois devenu indifférent? Loin de là, et je suis de trop bonne foi pour affecter un état d'esprit qui n'est pas tout à fait le mien. Peut-être cependant les personnes qui ont eu assez de loisirs pour les perdre à s'occuper de moi, ont-elles pu remarquer que, depuis les désastreux événements de 1870, deux préoccupations m'ont presque exclusivement absorbé, celle des souffrances des réfugiés de mon pays d'origine, et celle des intérêts permanents de ma grande patrie, qui sont précisément le sujet de la présente étude. Il est donc naturel que je m'inquiète de savoir si j'aurai inutilement plaidé leur cause auprès de M. Gambetta, et que je cherche à me rendre compte de ses dispositions à leur sujet.

On le dit, et je le crois, possédé des plus vifs instincts patriotiques. Cela me rassure. En est-il de même de l'ensemble du parti dont il est le chef? J'en doute. Cela est délicat à expliquer; je le tenterai toutefois. Loin de moi la pensée que les nobles sentiments soient le privilège des hautes classes; à mon sens, le peuple, le plus bas peuple, est capable de se passionner chez nous pour la gloire du pays et prêt à courir pour elle au-devant des plus rudes sacrifices. C'est un mouvement généreux et emporté, partant un peu irréfléchi quelquefois, comme celui qui lui faisait, en 1870, crier dans les rues de Paris : *A Berlin! à Berlin!* Le patriotisme froid, patient, calculateur, est plutôt l'apanage assez naturel, sans qu'il y ait grand mérite de leur part, des personnes qui sont, par position, plus instruites des choses du dehors, que leur fortune, leur rang, leur naissance mettent en relations habituelles avec les étrangers, leurs pareils, et qui ont, par conséquent, un sentiment de jalousie toujours éveillé, vif et délicat, à l'égard des autres puissances rivales de leur pays. Parlons franchement. Les aristocraties ont toujours été, en tous pays, gardiennes très vigilantes de l'honneur national.

Je vais aller encore plus loin, et sans vouloir introduire ici, par voie détournée, une plaidoirie en faveur de
la monarchie héréditaire, je dirai que pour une dynastie
royale le sol est comme une propriété de famille transmise
de père en fils, qu'on tremble de voir entamée, que l'on
brûle d'agrandir, et sur les limites de laquelle le pos-
sesseur du moment a les yeux toujours fixés avec une sorte
d'anxiété fiévreuse pour n'en point perdre un lambeau,
et pour l'arrondir un peu, si l'occasion s'y prête. Les
souverains judicieux qui ont bien mérité de leurs sujets
sont ceux qui n'ont convoité que les territoires qu'ils
pouvaient acquérir et conserver. Vauban, ce fils de ses
propres œuvres, si considéré cependant à la cour de
Versailles, un jour qu'il voulait détourner Louis XIV
des conquêtes lointaines lui adressait, justement à propos
de la Lorraine et de l'Alsace, ces paroles pleines de
sagesse dans leur expression un peu bourgeoise : « Sire,
il faut faire votre pré carré. » Notre pré, hélas ! n'est
plus carré. Quant à présent, il ne s'agit plus de l'a-
grandir.

M. Gambetta, s'il est vrai, ainsi que le disent des
esprits fâcheux, qu'il puisse disposer de la chose publique comme de la sienne propre, me permettra-t-il
de le supplier de ne pas porter ses visées trop au
loin. Le conseil de Vauban était bon. Cultivons, soi-
gnons, améliorons, gardons contre les convoitises étrangères le bien qui nous est resté. La tâche est suffisante
à l'ambition d'un homme. Ne nous lançons pas dans les
aventures, ce serait notre ruine. Réservons-nous pour
les éventualités dont Dieu seul dispose. Afin de les rendre

meilleures, un double devoir s'impose à quiconque met actuellement la main aux affaires de notre pays : Au dehors, rassurer l'Europe sur nos desseins; au dedans, apaiser les dissentiments et mettre l'accord entre les bons citoyens. C'est aussi à ce double point de vue que je jugerai le programme du nouveau cabinet, et surtout à l'application qu'il en fera.

D'HAUSSONVILLE.

8 janvier 1882.

Paris. — Imp. Gauthier-Villars, quai des Augustins, 55.

9 782013 347501